미래의 부자인 _____ 님을 위해

이 책을 드립니다.

킹달러의 미래

킹달러의 미래

초판 1쇄 인쇄 | 2023년 3월 31일
초판 1쇄 발행 | 2023년 4월 7일

지은이 | 김정호
펴낸이 | 박영욱
펴낸곳 | 북오션

주　소 | 서울시 마포구 월드컵로 14길 62 북오션빌딩
이메일 | bookocean@naver.com
네이버포스트 | post.naver.com/bookocean
페이스북 | facebook.com/bookocean.book
인스타그램 | instagram.com/bookocean777
유튜브 | 쏠쏠TV·쏠쏠라이프TV
전　화 | 편집문의: 02-325-9172　영업문의: 02-322-6709
팩　스 | 02-3143-3964

출판신고번호 | 제 2007-000197호

ISBN 978-89-6799-753-3 (93320)

*이 책은 ㈜북오션이 저작권자와의 계약에 따라 발행한 것이므로 내용의 일부 또는 전부를
　이용하려면 반드시 북오션의 서면 동의를 받아야 합니다.
*책값은 뒤표지에 있습니다.
*잘못 만들어진 책은 구입하신 서점에서 교환해 드립니다.

The Future of the

킹달러를 위협하는 도전자들
킹달러의 미래

김정호 지음

King Dollar

북오션

되살아나는 달러 종말론

2022년 내내 하늘을 찌를 듯하던 달러의 기세가 조금 수그러들었다. 그해 10월 달러당 1,440을 뚫었던 원화 환율은 2023년 3월 10일 현재 1,325원으로 내려앉았다. 2021년 초의 1,100원대보다는 여전히 높지만 2022년 10월 최고점에 비해서는 8%나 떨어졌다.

일본 엔화, 유로 역시 비슷한 패턴을 보이고 있다. 주요 6개국 통화에 대한 달러 평균 환율 상황을 달러인덱스라고 부르는데 2021년 1월, 90 수준이던 것이 그해 10월 113까지 오른 후 떨어지기 시작해서 올해 3월 10일 현재 105가 되었다.

달러 가치의 하락 추세는 잠시 잦아들었던 달러 종말론

을 다시 깨워낼 것으로 보인다. 달러가 기축통화로서의 지위를 잃을 날이 머지않았다는 예언들이 자주 있어 왔다. 중국 위안화나 디지털 위안화, 암호화폐가 그 자리를 대신한다거나 또는 여러 통화들이 각축을 벌이는 다극 통화 체제가 될 거라는 예언들도 자주 등장한다.

벌써 《니케이 아시안 리뷰》의 유명 칼럼니스트인 윌리엄 페섹(William Pesek)은 새해 1월 4일 자 칼럼에서 달러의 추락을 예언했다. 미국 경제가 저성장과 인플레, 과도한 국가 부채로 지속 가능하지 않은 데다가 정치 분열도 매우 심각해서 결국 투자자들이 달러를 투매할 거라는 내용이다.[1]

사실 달러가 붕괴할 것이라는 예언은 50년 넘게 이어져 왔다. 그것도 최고의 전문가들이 달러 붕괴론의 선봉에 서곤 했다.[2] 가장 대표적인 것이 로버트 트리핀(Robert Triffin)의 브레튼우즈 체제 붕괴 예언이다.

트리핀은 60년 전에 이미 달러 중심의 국제금융 체제인

---

[1] https://asiatimes.com/2023/01/dollars-demise-about-to-explode-asias-2023/
[2] Benjamin J. Cohen, The Demise of the Dollar? Open Edition Journal 18, Autumn 2015.
https://journals.openedition.org/regulation/11501

브레튼우즈 체제가 붕괴할 것임을 예언했다. 1944년에 구축된 이 체제는 미국 달러를 금본위제(금 1온스당 35달러로 교환 보장)로 하면서 다른 나라들은 달러에 대해서 환율을 고정시키는 것을 핵심으로 했다. 연방준비제도이사회(연준)와 IMF에서 근무한 경험이 있는 트리핀은 미국 의회 청문회에서 이 체제가 결국 붕괴할 수밖에 없다고 증언했다.

이유는 이렇다. 이 체제가 작동하려면 달러가 경상수지 적자를 통해 미국 밖으로 유출되어야 한다. 즉 달러의 공급량이 늘어나야 한다. 하지만 미국의 금 보유량이 고정된 상황에서 달러 유통량이 늘어나면 금으로의 태환 가능성은 떨어지기 마련이다. 실제로 프랑스 같은 나라들이 미국의 달러를 금과 바꾸어 갔고, 미국 연준의 금 보유량도 급격히 줄었다. 결국 1971년 미국 닉슨 대통령은 달러의 금 태환을 일방적으로 중지시켰고, 브레튼우즈 체제도 막을 내렸다.

고정환율 제도가 유지되려면 각국이 독자적인 통화정책 또는 자본의 자유로운 유출입을 포기해야 한다는 그의 이론은 '트리핀의 딜레마'라는 이론으로 정립되어, 지금도 국제금융의 중요한 원리 중 하나로 통용되고 있다. 하지만 트리핀의 예언 중 완전히 빗나간 것이 하나 있다. 달러가 기축통화의 지위를 잃을 것이라는 내용이다. 브레튼우즈 체제가 붕괴되었음에도 불구하고 달러는 그 후로도 50년 동안 세계 기축통화의 지위를 그대로 유지하고 있다.

찰스 킨들버거(Charles P. Kindleberger) 교수 역시 달러가 기축통화로서의 힘을 잃을 거라고 내다봤다. 제2차 세계대전 이후 미국 주도 세계경제 부흥 프로젝트, 마셜플랜의 설계자였으며 나중에 MIT 경제학 교수로도 이름을 떨친 뛰어난 경제학자이다. 그는 원활한 국제무역 질서의 유지를 위해 통화패권국이 존재해야 한다는 주장을 펼쳤다. 킨들버거도 1971년 달러의 금 태환 중지, 즉 닉슨쇼크를 겪으면서 달러의 기축통화 시대는 끝났다고 했다. 그의 예언 역시 빗나갔다.

달러 시대의 종언에 대한 예언은 그 후로도 멈추지 않았다. 버클리 경제학 교수이면서 IMF의 정책자문역인 배리 아이켄그린(Barry Eichengreen) 교수는 2008년 미국발 글로벌 금융위기를 겪으면서 기축통화로서 달러의 역할은 끝났고 세계 금융질서는 여러 개의 국제통화가 경쟁하는 다극 체제로 변할 것이라고 진단했다. 특히 중국 위안화의 부상을 내다봤다. 하지만 위안화는 뜨지 못했고, 달러 중심의 1극 체제는 그 후로도 거의 변하지 않았다.

그렇다고 해서 달러 붕괴론자들의 진단이 완전히 틀린 것은 아니었다. 그 예언들의 근거는 상당 부분 진실이었고, 설득력을 가졌다. 하지만 더욱 큰 그림은 보지 못해서 예언들이 빗나가게 되었다. 이 책은 달러를 둘러싼 여러 가지 상황들을 살펴보고 그 미래가 어떻게 될 것인지를 조심스럽게 내다보려 한다. 미래 예측은 원래 신의 영역일 수밖에 없다. 하지만 조심스럽게 여러 가지 가능성을 짚어보고자 한다.

이 책의 구성은 다음과 같다.

제1장은 킹달러라고 불릴 정도로 높아진 달러에 대한 환율이 세계 곳곳에서 어떤 상처를 남겼는지를 살펴본다. 스리랑카와 영국, 이탈리아, 중국을 거쳐 암호화폐 시장 상황에 대해 설명하고 있다.

제2장은 달러의 역사에 대한 이야기이다. 신생 독립국인 미국의 화폐가 어떻게 세계의 기축통화가 되었는지, 현재 달러가 각 나라들의 통화 가치 유지에 어떤 영향을 주는지, 또 미국이 기축통화국이어서 겪는 득과 실에 대해

기술하였다.

제3장은 달러 체제의 사령탑인 미국 연준이 어떤 곳이고 어떻게 달러의 공급과 세계 통화 시장을 조절하는지 살펴본다.

제4장은 지난 50년 동안 전 세계에서 벌어진 통화위기의 역사를 살펴보고 그것이 미국 달러의 상황과 어떻게 연결되어 있는지 설명한다. 1990년대 이후 대한민국이 겪었던 환율 급등 현상과 지난 10여 년 동안 크게 불어난 신흥국의 달러 부채가 어떤 위험을 안고 있는지 기술하고 있다.

제5장은 미국의 경제 제재를 다뤘다. 어떤 경우에 경제 제재가 이뤄지는지 또 달러 패권이 어떻게 작용하는지, 그것이 달러의 미래를 어떻게 위협할 수 있는지를 알아본다.

마지막으로 제6장은 달러의 경쟁자들에 대한 이야기다. 중국 위안화, 유로, 금, 디지털화폐 등이 달러와 어떤 경쟁 관계인지에 대한 이야기가 펼쳐진다. 또 사우디아라비아와 중국의 접근, 미국 내부의 정치적 분열이 달러의 미래에 미칠 영향력에 대해 설명한다.

contents

prologue 되살아나는 달러 종말론   4

제1장 킹달러 충격, 일파만파

01. 킹달러의 퍼펙트스톰: 고환율, 고물가, 고금리   14
02. 국가부도 낸 스리랑카   26
03. 영국 총리까지 갈아 치운 킹달러   30
04. 이탈리아, 킹달러로 네오파시즘 가나?   35
05. 일본 엔화, 위험자산으로 추락할까?   42
06. 중국 인민폐의 고민   52
07. 킹달러에 무너지는 암호화폐   58
08. 대한민국도 자금난 속으로   62

제2장 달러의 위용

01. 달러의 위상   68
02. 달러의 또 다른 모습, 미국 채권   73
03. 달러, 떠돌이 돈에서 기축통화까지   79
04. 달러 등에 업힌 나라들: 달러 사용국 vs 달러 페그국   88
05. 기축통화의 축복과 저주   95

제3장 킹달러의 사령탑, 연방준비제도이사회

01. 달러의 사령탑, 연방준비제도이사회　　　　　　106
02. 연준의 지상 과제: 인플레 2%, 실업률 4~5%　　115
03. 연준의 도구: 지준율, 금리, 공개시장 개입, 양적완화　124
04. 한미 통화스와프와 연준　　　　　　　　　　　134
05. 연준, 세계의 중앙은행 되나?　　　　　　　　　143

제4장 위기 또 위기, 외환위기사

01. 위기 또 위기, 반복되는 글로벌 금융위기들　　　150
02. 대한민국 3번의 환율 위기, 이번은 다른가?　　　167
03. 엄청난 놈이 오고 있다　　　　　　　　　　　　174

제5장 미국의 질서, 달러의 질서

01. 러시아에 대한 경제 폭격　　　　　　　　　　　184
02. 미국의 경제제재: 북한에서 러시아까지　　　　　198
03. 도전받는 미국 이념, 솟구치는 중국 이념　　　　206

제6장 흔들리는 미국, 그리고 달러의 미래

01. 도전자 1: 위안화　　　　　　　　　　　　　　224
02. 도전자 2: 유로　　　　　　　　　　　　　　　237
03. 도전자 3: 금　　　　　　　　　　　　　　　　244
04. 도전자 4: 디지털화폐　　　　　　　　　　　　251
05. 도전자 5: 사우디아라비아-중국의 밀착　　　　　261
06. 흔들리는 미국, 그리고 달러의 미래　　　　　　268

제1장

킹달러 충격, 일파만파

킹달러의 퍼펙트스톰:
고환율, 고물가, 고금리

킹달러의 충격은 세계 곳곳에서 나타나고 있다. 수십 년 만에 달러에 대한 환율이 최고를 찍다 보니 외국 자본이 빠져나가 외환위기를 걱정해야 하는 나라들이 많아졌다. 환율 때문에 달러 표시 부채의 실질적 부담이 늘어난 탓도 크다.

고환율을 불러온 연준의 기준금리 인상은 미국만이 아니라 전 세계적으로 연쇄 금리인상을 불러왔고 곳곳에서 자금경색과 부도 위험 증가가 초래되고 있다. 우리나라, 영국, 이탈리아, 중국 등 대부분 나라들이 그 충격에서 헤어나지 못한다. 그 현장 속으로 들어가보자.

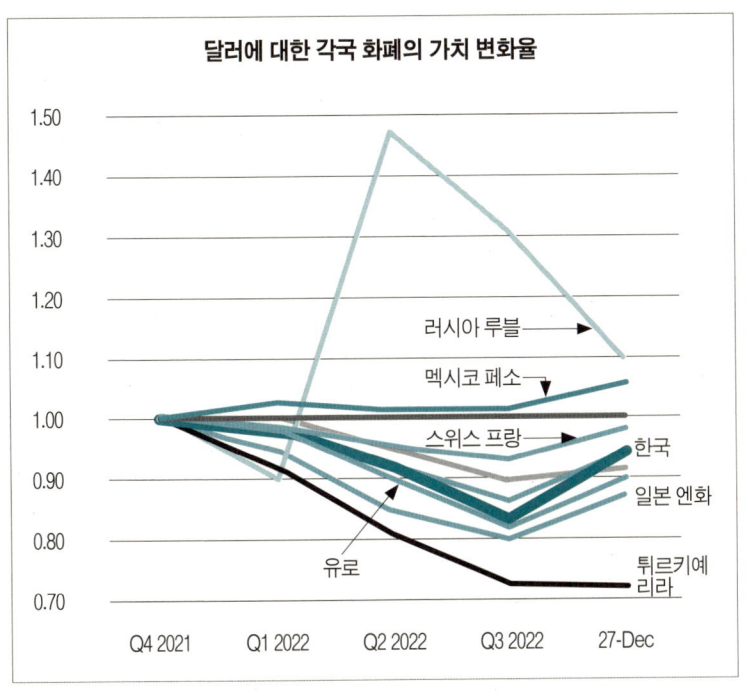

가히 킹달러의 시대가 됐다. 달러를 당할 화폐가 없다. 환율이 모든 것을 드러낸다. 당장 원달러 환율부터 그렇다. 2020년 초 달러당 1,190원이었는데 2023년 3월 10일 기준 1,325원으로 올랐다. 원화 가치로 따지면 10% 하락이다. 같은 해 10월에는 1,440원을 돌파하기도 했는데 원화 가치로는 17% 하락에 해당한다.

지금까지 안전자산으로 여겨져 오던 선진국 통화들도 가치가 떨어졌다. 일본 엔화 가치는 더 많이 추락했다. 위의 그림은 달러에 대한 각국 통화의 가치가 어떻게 변화했는지를 보여준다. 2021년 4분기를 1로 했을 때 각 시점에서의 상대적 비율을 나타낸다. 스위스 프랑, 유로, 영국 파운드, 일본 엔화 등의 안전통화는 모두 가치가 떨어진 것을 볼 수 있다. 중국의 위안화도 비교적 탄탄하던 돈이었는데 이번에는 달러에 눌려 1년 전보다 8.7%나 가치가 떨어졌다.

킹달러의 위세에도 끄떡없는 돈들이 있다. 러시아 루블은 달러에 비해 가치가 1년 만에 6%, 멕시코 페소는 5% 올랐다. 사우디아라비아 리얄은 3.75% 중심으로 약간의 진폭이 있으나 거의 변함이 없다. 다들 그럴 만한 사정들이 있다. 러시아는 달러 수입은 증가하는데 쓸 수가 없어서 그렇게 됐다. 우크라이나 침공으로 석유, 가스의 가격이 치솟았고, 수출대금이 폭증했다. 그중 상당 부분은 달러이다. 나머지는 루블화로 결제를 받다 보니 해외에서 루블화 수요가 늘게 된 것이다. 반면 서방의 경제제재로 인해 해외로부터의 수입이 급감함으로써 달러를 쓸 수가 없게 됐다. 그런데도 루블화의 수요는 늘다 보니 달러에 대한 루블화의 가치가 치솟았다. 멕시코의 중앙은행은 기준금리를 2022년 초 5.5%에서 같은 해 12월 15일 10.5%로 올렸다. 미국 연준보다 더 공격적인 인상이니 통화가치가 오르는 것은 당연한 일이다. 브라질도 같은 이유로 돈의 가치가 상승했다. 사우디아라비아는 1986년부터 달러당 3.75리얄로 환율을 페그하고 있다. 그래서 이 나라의 환율은 늘 그 주변에서 움직인다.

소수의 몇 나라를 제외한 대다수 나라의 돈은 달러의 위세에 눌려 그 가치가 곤두박질쳤다. 가히 킹달러의 시대라고 할 수 있다. 달러의 가치가 치솟은 가장 큰 이유는 미국의 중앙은행이면서 달러의 공급자인 연준이 돈줄을 조이기 때문이다. 기준금리 인상과 양적긴축이 중요한 수단인데, 우선 기준금리부터 살펴보자. 미국 연준은 코로나 기간 동안 기준금리를 0.25%까지 낮춰두고 있었는데 2022년 3월 초부터 차츰 올리기 시작해서 12월 27일 기준 4.5%가 되었다.

기준금리는 높을수록 시중의 자금 사정을 악화시킨다. 중앙은행은 은행의 은행이어서 시중은행의 돈을 맡아주거나 대출해주는 역할을 한다. 기준금리란 중앙은행인 연준이 시중은행에의 대출에 적용한다. 그 금리를 낮추면 시중은행이 대출을 더 많이 가져갈 것이고, 일반 소비자에게도 낮은 금리로 많이 대출해줄 것이다. 기준금리를 올리면 그 반대의 효과가 나타난다. 즉 시중은행의 대출이 줄어들어 자금 사정은 악화되고, 시장금리는 높아진다.

시장금리를 대표하는 지표는 정부가 발행한 국채금리이다. 5년 만기 미국 국채금리는 2022년 초 1.3%였는데 같은 해 12월 27일 기준 3.9%로 3배나 뛰었다. 10월 중에는 4.5%까지 올랐었다. 은행의 대출금리, 회사채 발행금리 등 다른 금리들도 덩달아 올랐다. 투자 수익률이 높아지는 만큼 외국에 나가 있던 돈들이 미국으로 몰려들게 되었고, 다른 나라에서는 달러를 구하기 힘들고, 그 값도 비싸졌다.

양적긴축도 킹달러의 원인이다. 연준이 보유하고 있던 국채나 여타 유가증권을 시중에 내다 파는 정책을 양적긴축(Quantitative Tightening)이라고 한다. 그동안 연준은 코로나19로 경제가 붕괴되는 것을 막기 위해 정부와 기업들이 발행한 채권을 대규모로 매입해서 보유하고 있었다. 돈을 찍어서 경제를 연명시키는 이 정책을 양적완화(Quantitative Easing)라고 부른다. 반대로 그 채권들을 내다 팔면 양적긴축이 된다. 연준의 국채 등 보유액은 2022년 4월 12일 9조 달러로 정점에 도달했고, 그 이후 매달 1,000억 달러 정도를 줄이고 있다고 한다.

양적긴축으로 시중에 채권 수요는 줄고 공급은 늘어난 만큼 가격은 떨어진다. 그것은 금리의 상승을 뜻한다. 예를 들어 5년 후에 100달러를 받을 수 있는 채권을 현재 99달러에 살 수 있다

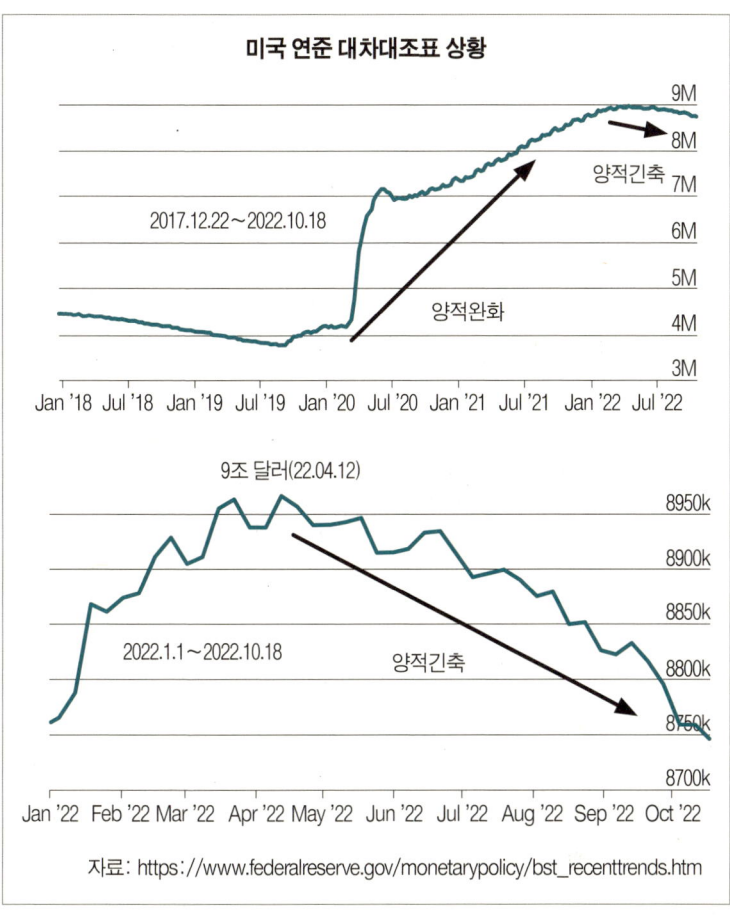

고 가정해보자. 연준의 채권 매각으로 그 가격이 95달러로 떨어진다면 이것은 수익률을 반대 방향으로 움직이게 만든다. 99달러를 투자해 1달러를 번다면 수익률은 약 1%가 되는데 채권 값이 떨어지면 95달러를 투자해서 5달러를 벌게 되고 수익률은 거의

5%로 높아지게 된다.

이런 이유들이 겹쳐서 실제로 5년물 미국 국채 수익률은 2022년 1월 3일 1.5%에서 2023년 3월 6일 현재 4.34%까지 올랐다.

미국의 금리 상승은 한국에도 금리 상승을 초래한다. 미국 금리가 높아지면 저금리 때 한국 등 미국 밖에 투자했던 자금은 미국으로 돌아가고 싶어한다. 그렇게 달러 자금이 빠져 나가면 환율은 오르고, 한국 내의 금리도 덩달아 오르게 된다. 실제로 5년물 한국 국채의 수익률은 2022년 1월 3일 2.04% 였는데, 2023년 3월 6일 3.78%로 상당히 올랐다. 한국은행 기준금리를 올린 효과도 있지만 연준 기준금리의 인상에 따른 효과가 더욱 클 것으로 추정된다.

이처럼 미국 연준의 기준금리 인상과 양적긴축 정책은 통화의 공급량을 줄여서 달러 가치를 높이는 방향으로 작용한다.

하지만 환율은 상대적이다. 상대 국가가 어떻게 대응하는지도 큰 영향을 준다. 상대 국가도 금리를 올리면 자본유출 효과를 완화할 수 있다. 멕시코는 기준금리를 2022년 초의 5.5%에서 동년 12월 10.5%로[3] 무려 5%나 올렸다. 같은 기간 달러에 대한 멕

---

[3] https://tradingeconomics.com/mexico/interest-rate

시코 페소 환율은 20.5%에서 19.7%로 약간 내렸다. 통화가치가 4% 상승한 셈이다. 미국보다 더 강하게 자금줄을 조인 결과라 할 수 있다. 물론 그로 인해 멕시코의 국내 경기는 상당한 타격을 입고 있을 것이다.

다른 나라들도 대부분 자국 통화의 급격한 하락을 막기 위해 기준금리를 인상했다. 지도에서 ■ 부분은 2022년 1월 초에 비해 기준금리가 높아진 나라들이다. 한국은행의 기준금리는 연초 1.25%에서 12월 3.25%가 되었다. 꽤 많이 올린 편이지만, 연준의 4.25% 인상에 비해서는 온건하게 대응한 셈이다.

거꾸로 간 나라들의 사연

금리인상을 하지 않은 곳도 있다. 지도에서 ■ 부분은 동결한 나라, ■ 부분은 인하한 나라들이다. 일본은행은 기준금리를 2016년부터 마이너스 0.1%로 유지해 오고 있는데 세계적 고금리 상황에서도 바꾸지 않고 있다. 돈을 무한정 풀어서라도 디플레를 극복하겠다는 아베노믹스의 핵심 기조를 일본은행 구로다 총재가 그대로 고수하고 있는 것이다. 마이너스 기준금리란 시중은행이 중앙은행에서 돈을 빌려갈 때 오히려 돈을 받는다는 의미이다. 돈을 마음대로 가져다가 소비자들에게 대출해 주라는 뜻이다.

일본은행은 일드 커브 컨트롤(Yield Curve Control) 정책으로도 돈을 풀었다. 일드(Yield)란 채권의 수익률로 10년 만기 국채 수익률이 0%를 넘지 않도록 조절하는 정책이다(정확히는 ±0.25%). 국채 수익률이 그 이상으로 오를 만하면 일본은행이 국채 매입에 나선다. 그러면 국채 가격은 오르고 수익률은 0%로 유지된다. 시중의 장기금리도 그 수준에서 유지된다. 장기금리를 0%로 만들기 위한 이 정책은 양적완화의 한 방편인 셈이다.

일본은행은 2022년 12월 20일 10년물 국채의 수익률 변동 폭을 ±0.25%에서 ±0.5%로 확대했다. 장기금리를 0.5%까지 올릴 수 있는 여지를 만든 것이기에 일종의 약한 금리인상 효과가 있다. 덕분에 엔화의 가치가 약간 상승했지만, 일본의 제로금리 기조는 거의 그대로이고, 달러와의 가치 격차는 매우 큰 상태로 남는다.

중국, 튀르키예는 오히려 기준금리를 내렸다. 2022년 6월까지 14%이던 튀르키예 기준금리는 7월부터 인하되어서 12월에는 9%로 낮아졌다. 이 나라의 인플레율이 84%이므로(11월 기준)[4] 실질금리는 마이너스 70%가 된다. 현금이나 예금을 가지고 있으면 매년 70%가 사라진다는 말이다. 달러에 대한 튀르키예 리라화의 환율은 2022년 초 13.1%에서 12월 27일 현재 18.7%가 됐다. 돈의 가치가 30% 하락한 것이다. 국가부도 상태의 나라들을 제외하면 가장 큰 하락 폭이다. 그런데도 튀르키예중앙은행이 계속 금리를 낮추는 것은 금리를 낮춰야 물가가 떨어진다는 레젭 타입 에르도안(Recep Tayyip Erdogan) 대통령의 엉터리 경제지식 때문이다. 시장의 원리는 그 반대인데 말이다.

중국 인민은행은 기준금리를 2022년 초 3.8%에서 연말에

---

[4] https://tradingeconomics.com/turkey/inflation-cpi

3.65%로 낮췄다. 달러에 대한 환율은 연초 6.36%에서 12월 27일 현재 6.96%가 됐다. 9%의 하락이다. 10월에는 7.31%까지도 갔었다. 중국은 3분기에 1,440억 달러라는 막대한 경상수지 흑자를 기록했다. 이것만 본다면 중국 위안화의 가치는 오르는 것이 마땅한데, 실제로는 그 반대 현상이 나타난 이유는 금리인하 때문이다.

그러면서 한편으로는 환율상승, 즉 위안화 가치 하락을 막기 위해 여러 가지 규제들을 도입했다. 중국 당국은 투기세력의 공격을 극도로 꺼려 한다. 2015년에 이미 한 번 경험했기 때문이다. 위안화 가치를 더 떨어뜨리고 투기적 공격의 확률도 높인다는 점에서 금리인하는 앞뒤가 안 맞는 정책이라 할 수 있다.

그런데도 그렇게 할 수밖에 없는 이유는 부동산 개발업자들이 심각한 부도 위기에 노출되어 있기 때문이다. 2008년 이후 막대한 부채를 늘려 전국에 개발사업을 벌려 왔는데, 주택 분양 경기가 죽은 데다 킹달러가 되어 부도 위기에 처한 개발업자들이 늘었다. 금리인하는 자금경색을 풀고 원리금 상환 부담을 줄이기 위한 고육지책인 셈이다.

지금까지 연준의 고금리로 킹달러 현상을 설명했지만, 달러가 안전자산이라는 사실도 킹달러 현상의 원인으로 작용한다. 안전자산은 투자에 따른 자금경색이 오고 위험이 높아질 때 재산 가치를 안전하게 보장받을 수 있는 투자 대상이다. 달러 자산은 투자자들에게 최고의 안전자산으로 받아들여지고 있다. 반면 위험 자산은 자금 사정이 경색되고, 위험성이 높아질 때 가치가 추락하는 투자 대상을 말한다. 주식과 암호화폐, 신흥국, 가난한 나라들의 화폐가 이 범주에 속한다.

우크라이나 전쟁에 따른 식량과 에너지 가격 상승, 그에 따른 불확실성, 킹달러에 따른 신흥국들의 부도 확률 증가 등이 투자자들에게는 모두 위험 요인이다. 따라서 안전자산인 달러의 수요가 늘었고, 달러의 가치도 높아졌다고 해석할 수 있다. 하지만 2022년 나타난 킹달러 현상의 가장 직접적이고 큰 원인은 연준의 금리인상이라고 봐야 할 것이다.

국가부도 낸 스리랑카

인도 남쪽의 섬나라 스리랑카는 요즈음 최악의 경제난에 시달리고 있다. 국제 구호단체 '세이브더칠드런'에 따르면 전체 가정의 2/3가 식량난에 시달리고 있으며,[5] 아이들을 먹일 수 없어 구호시설에 맡기는 가정들이 속출하고 있다고 한다. 2022년 9월만 보더라도 소비자물가상승률이 74%를 기록했으니,[6] 실질소득은 거의 반토막 난 셈이다.

---

5 https://www.theguardian.com/global-development/2022/oct/28/parents-cant-afford-meat-eggs-and-milk-children-bear-the-brunt-of-sri-lankas-economic-crisis
6 https://www.cbsl.gov.lk/en/measures-of-consumer-price-inflation

스리랑카가 이렇게 된 큰 원인은 달러의 부족에 있다. 식량과 석유 등 생필품을 수입하던 나라가 달러의 부족으로 수입이 어렵게 된 것이다. 당연히 국내 물가는 뛸 수밖에 없다. 여러 가지 요인들이 겹쳐 있지만 킹달러 현상도 한몫을 담당했다.

스리랑카는 월드뱅크가 모범적인 중진국으로 평가할 정도로 꽤 괜찮은 나라였다. 직격탄을 맞기 시작한 것은 코로나19 때부터이다. 인도와 중국 관광객들의 발길이 갑자기 끊겼고, 덩달아 달러 수입도 급감했다. 해외에 나가 외국인 노동자로 일해서 보내던 달러도 중단됐다. 하지만 돈 나갈 날짜는 꼬박꼬박 돌아왔다. 특히 중국에서 빌린 돈이 문제였다. 마힌다 라자팍사(Percy Mahendra Rajapaksa) 전 대통령이 자기 고향을 발전시키기 위해 중국 빚을 들여다가 거대한 규모의 항구와 비행장, 전시장 등을 지어댔다. 기대와는 다르게 이 건물들은 유령 공항, 유령 항구로 전락했고, 수입은 거의 발생하지 않았다. 고스란히 국민의 빚이 되어 버린 것이다. 그 빚을 갚기 위해 국제금융시장에서 채권을 발행하다 보니 빚은 더욱 늘어나게 되었고 경제위기의 조짐이 짙어졌다.

통화당국은 경제위기를 해결하겠다면서 돈을 풀기 시작했다. 어리석게도 중앙은행 총재가 소위 현대통화이론 신봉자였다고 한다. 돈을 마구 풀어내더라도 나라가 망하지 않는다는 터무니없는 이론인데, 그걸 믿고 돈을 마구 찍어냈으니 돈의 가치가 안 떨어지면 오히려 이상하다. 국제신용평가기관들은 스리랑카의 신용등급을 강등했다. 스리랑카는 더 이상 달러 표시의 채권을 발행할 수 없는 지경으로 몰렸다.

엎친 데 덮친 격으로 2021년 중반부터 달러의 가치가 오르기 시작했다. 달러당 200루피 선에서 페그되어 있던 환율은 달러 강세를 견디지 못하고 2022년 3월부터 환율을 급격히 올리지 않을 수 없었다. 같은 해 5월에는 360루피 수준으로 다시 페그 환율을 올려 현재까지 유지되고 있다. 자국 통화 루피에 대한 미국 달러의 상대적 가치가 80%나 올라간 셈이다. 대외 부채의 65%가 달러 표시인 상황에서 그렇게 되다 보니 원리금 상환 부담이 더욱 커졌다. 외환보유고를 써서 급한 곳을 메워 나갔지만 곧 바닥이 드러났다. 2018년 100억 달러에 달하던 외환보유액은 2022년 20억 달러가 되었다.[7] 2022년 5월 스리랑카는 결국 디폴트, 즉 국가부도를 선언하기에 이르렀다.

수중에 달러가 없다 보니 식량도, 석유도 들여올 수 없게 되었고 물가는 치솟고 굶주리는 사람들이 늘어갔다. 연료가 없어 삼륜차마저 멈춰 섰고, 발전기를 못 돌려 정전 경고가 이어지고 있다.[8] IMF로부터 구제금융에 대한 언질을 받긴 했지만 언제 돈이 나올지 알 수 없는 실정이다.[9]

달러 강세가 이어지는 한 경제난은 쉽게 풀리지 않을 것이다. 중국 관광객이 옛날처럼 쏟아져 들어온다면 조금 사정이 낫겠지만 시진핑의 코로나19에 대한 과잉 대응으로 그마저도 기대하기 힘든 상황이다. 스리랑카 경제는 최악의 상태로 추락해 있다.

---

[7] https://tradingeconomics.com/sri-lanka/foreign-exchange-reserves
[8] https://www.dailymirror.lk/breaking_news/Sri-Lanka-comes-to-grinding-halt-as-fuel-runs-out/108-239369
[9] https://asia.nikkei.com/Spotlight/Sri-Lanka-crisis/Sri-Lanka-eyes-December-bailout-IMF-says-timing-hard-to-predict

영국 총리까지 갈아 치운 킹달러

2022년 9월 27일, 미국 달러에 대한 영국 파운드 환율은 0.9297로 치솟았다. 영국식 환율 표기법으로는 1파운드당 1.06달러이다. 달러에 대한 파운드화의 가치가 1990년대 이후 최저로 곤두박질친 사건으로 기록될 것이다.

이렇게 된 데는 크게 두 가지 힘이 작용했다. 첫째는 물론 킹달러의 위용이다. 2021년 5월경부터 연준 기준금리 인상 가능성이 거론되기 시작했고, 파운드화의 가치도 서서히 떨어지기 시작했다. 2021년 5월 28일 기준 달러당 1.42에서 2022년 7월 말 1.22에 도달했다.

그때 예상치 못한 충격이 가해졌다. 그해 9월 새로 취임한 메리 엘리자베스 트러스(Mary Elizabeth Truss) 총리의 감세정책이 화근이었다. 소득세 최고 소득 구간을 낮추고, 법인세 인상도 철회해서 투자와 소비를 살려보겠다는 구상이었다. 그러자 시장에서 국채 가격이 폭락하고 금리는 치솟았다. 그 원인을 잠시 생각해 볼 필요가 있다.

다른 조건이 같다면 감세가 소비를 촉진하고 생산성을 높이는 효과를 가지는 것이 사실이다. 하지만 그것은 감세한 만큼 정부 지출도 줄일 때의 이야기다. 세금은 줄이면서 정부 지출은 그대로 둔다면 사정은 달라진다. 지출은 그대로인 상태에서 조세수입이 줄어들면 돈을 빌려야 하는데, 영국에서는 그 방법이 바로 국채 발행이다. 시중에 국채의 공급이 늘어나는 만큼 가격은 떨어지게 된다. 이것은 국채 수익률 상승을 뜻한다.

영국에서 정확히 이 일이 벌어졌다. 그래프는 영국 정부가 발행한 만기 2047년인 100파운드짜리 국채 시장가격의 변화를 보여준다.[10] 만기에 액면가인 100파운드를 상환해주는 동시에 그때까지 매년 액면가의 1.5%인 1.5파운드씩을 지급해주는 상품이다. 2022년 8월 1일 이 국채의 가격은 84.73파운드였는데 매

---

10 https://www.icaew.com/insights/viewpoints-on-the-news/2022/oct-2022/chart-of-the-week-gilt-prices

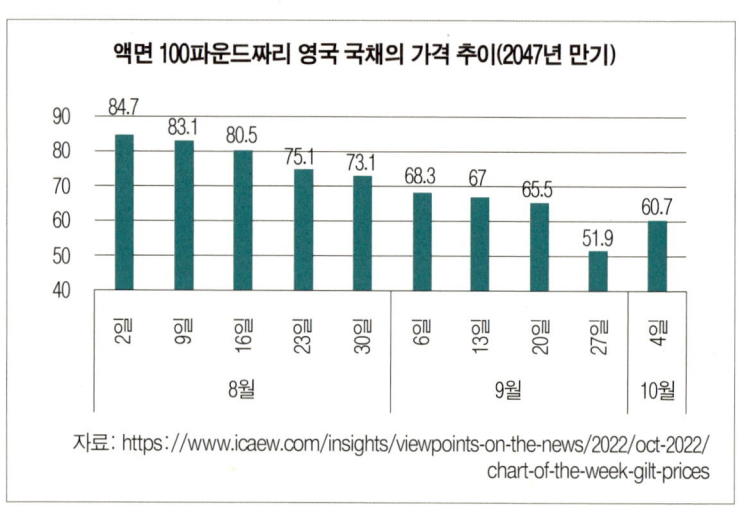

일 급락을 거듭해서 9월 27일에는 51.88파운드가 되었다. 두 달이 안 되는 동안 39%나 값이 떨어진 것이다. 국채는 가장 안전한 금융상품으로 여겨졌는데, 이번 사태로 그런 신뢰에 상당히 금이 갔다.

  국채 가격의 급락은 예상치 못한 파장을 불러왔다. 연금기금들이 채권 매각에 나섰고 그래서 가격이 더욱 추락하는 악순환 속으로 빠져든 것이다. 태풍의 눈에 부채연계투자(LDI: Liability Driven Investment)는 낯선 이름의 금융상품이 자리하고 있다. 국채 등 금융자산을 담보로 맡기고 매년 일정 수준의 현금 흐름을 확보하는 금융상품이다.

2008년 금융위기 시절 영란은행은 미국 연준을 따라 양적완화에 나섰고, 그 결과 영국 국채 가격은 오르고 수익률은 거의 0% 가까이 떨어졌다. 그러자 연금기금들은 두 가지 문제에 봉착했다. 첫째, 국채를 자산으로 매입하다 보니 가입자들에게 지급할 현금이 부족해졌다. 둘째, 금리가 낮아지다 보니 앞으로 미래에 지급할 연금의 현재 장부가치가 급격히 높아졌다. 이런 문제를 해결해 주겠다며 등장한 금융상품이 부채연계투자이다. 연금기금이 보유한 국채를 금융회사에 맡기고 대신 현금을 받아 가입자에게 지급하고 투자할 수 있는 상품이다.

단, 담보로 맡긴 채권 가격이 일정 금액 이하로 떨어질 경우 현금을 채워 넣어야 한다는 조건이 붙어 있었는데, 평소에 신경도 안 쓰던 조건이 국채 가격이 급락하자 문제를 일으켰다. 연금기금들은 채워 넣을 현금 마련을 위해 국채 매각에 나섰고, 국채 가격은 더욱 하락하는 악순환의 고리에 빠져들었다. 2022년 9월 27일 파운드화의 가치는 1990년 이후 최하로 추락했다. 금리는 더욱 올라서 대출받아 집을 산 사람들이 아우성치게 되었다. 결국 트러스 총리는 감세안을 철회했고, 영란은행은 부랴부랴 국채 매입에 나서면서 사태는 조금씩 진정되어 갔다. 트러스 총리는 취임 후 두 달도 채우지 못한 채 사임해야 했다.

영국의 경제지 《이코노미스트》는 10월 19일 자 커버스토리에서 영국을 브리탤리(Britaly)로 부르며 비꼬았다. 브리탤리는 영국 Britain과 이탈리아 Italy의 합성어로, 영국이 빚투성이의 쇠락하는 나라 이탈리아처럼 되어 가고 있음을 경계하는 내용이다. 국민의 생산성은 낮은데 복지만 많아지면 국가부채는 늘고 결국 망국의 길을 걷게 된다. 영국은 그 길로 들어선 것이다. 그렇게 되는 데는 킹달러가 결정타로 작용했다.

이탈리아, 킹달러로 네오파시즘 가나?

이탈리아는 그리스와 함께 유로 지역의 문제아다. 국가부채비율이 150%를 넘는 데다 국민들은 빚을 갚는 데 별 관심이 없다. 오히려 돈을 더 빌려주지 않는 남 탓에 매몰되어 있으니 별로 희망이 없다. 그러던 중에 킹달러 폭풍이 치명타를 가했다.

이탈리아는 이중의 타격을 받았는데 환율 충격과 국채금리 충격이다. 이탈리아는 유로 회원국이어서 자국 통화 없이 유로를 사용한다. 그런데 유로 가치가 떨어지다 보니 수입물가가 오르고, 국내 인플레가 극심한 상황에 이르렀다. 2022년 10월 기준 소비자물가상승률이 무려 12%를 기록했으니 심각한 상황이라 할 수 있다.

달러당 유로 환율은 2022년 초 0.89였다. 유로를 기준으로 하면 1유로당 1.13달러다. 그런데 달러가 강해지면서 8월 20일경에는 1:1이 깨졌고, 11월 3일에는 달러당 0.98이 됐다. 그리고 12월 18일 기준 1.06으로 조금 회복되긴 했지만, 1:1은 절대 깨지지 않을 거라던 막연한 믿음이 킹달러 앞에서 맥없이 무너졌다.

유로가 이처럼 약해진 원인은 미국과의 금리 차이에 있다. 미국 연준의 공격적 금리인상 속도와 인상 폭에 비해 유럽중앙은행은 속도도, 폭도 너무 미온적이었다. 2016년부터 여신금리를 0.25%로 유지해오던 ECB(European Central Bank, 유럽중앙은행)는 2022년 7월 0.75%, 9월 14일 1.5%, 11월 2일 2.25%로 올렸다. 미국 연준이 빅스텝이니 자이언트스텝이니 하면서 3월부터 공격적으로 금리를 올린 반면 ECB는 7월에 들어서야 비로소 움직이기 시작했고, 그 폭도 작았다.

유로 당국도 금리인상의 필요성은 잘 알고 있었다. 회원국마다 심각한 인플레에 시달리고 있으니 금리인상은 자연스러운 수순이다. 크리스틴 라가르드(Christine Lagarde) ECB 총재는 진작부터 행동이 필요하다는 언급을 해왔다. 그런데도 주춤거려온 가장 큰 이유는 이탈리아의 국가부채 때문이다. 중앙은행이 기준금리를 올리면 시장금리는 더욱 올라갈 것이고 빚이 많은 나라는 직격탄을 맞을 수밖에 없다.

　이탈리아 국가부채비율은 GDP의 150%로 유로존에서 가장 높다. 일본도 국가부채가 많긴 하지만 외국에서 받을 돈이 많고 국채의 대부분을 일본은행과 내국인이 보유하고 있다. 대외순자산은 3.4조 달러로 GDP의 62.8%에 달하며,[11] 일본 국채 중 외국인 소유 비중은 국채의 외국인 7%에 불과하다. 반면 이탈리아의 대외순자산은 400억 달러로 GDP에서의 비중은 7.4%이다. 국채의 외국인 보유 비율은 45%에 달한다.[12] 이탈리아의 국가부채는 일본과는 비교도 안 될 정도로 위험에 노출되어 있다. 참고로 한국의 대외순자산은 4,800억 달러, GDP의 26.4%에 해당한다.

　이탈리아의 국가부채는 차환 발행, 다시 말해서 '돌려막기' 상태에 들어갔다. 만기가 돌아오는 기존 국채를 갚기 위해 새로 국채를 발행해야 한다. 2023년 2,450억 유로, 2024년에는 2,300억 유로를 새로 발행해야 하는데,[13] 국채 발행 금리가 엄청나게 올라서 그것이 쉽지 않게 됐다. 3년 만기 국채의 경우 2021년 12월

---

[11] https://en.wikipedia.org/wiki/Net_international_investment_position
[12] https://www.economist.com/special-report/2022/12/05/why-is-italys-public-debt-burden-so-big
[13] https://www.bloomberg.com/opinion/articles/2022-10-11/italy-may-find-november-is-the-cruelest-month?sref=9fHdl3GV

30일 -0.04%였는데 2022년 11월 4일 3.25%가 됐다. 10년 만기는 같은 기간 0.87%에서 4.5%가 됐다. 2011~2012년 유로존 위기 때의 7%까지는 오르지 않았지만 그래도 국채 발행이 매우 부담스러울 수밖에 없다. 그나마 ECB의 구제금융으로 임시변통은 하고 있지만 언제 사고가 날지 알 수 없는 지경이다. EU 회원국들에 더 도와 달라고 계속 손을 벌리는데 독일을 비롯한 북유럽 국가들은 애써 외면 중이다.[14]

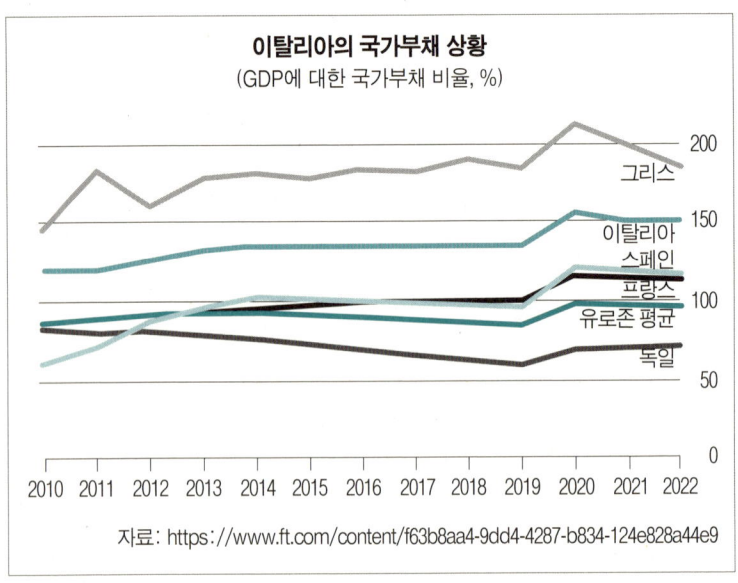

14 https://www.euractiv.com/section/economy-jobs/news/italian-bond-yields-rise-as-german-support-for-joint-eu-debt-seen-as-unlikely/

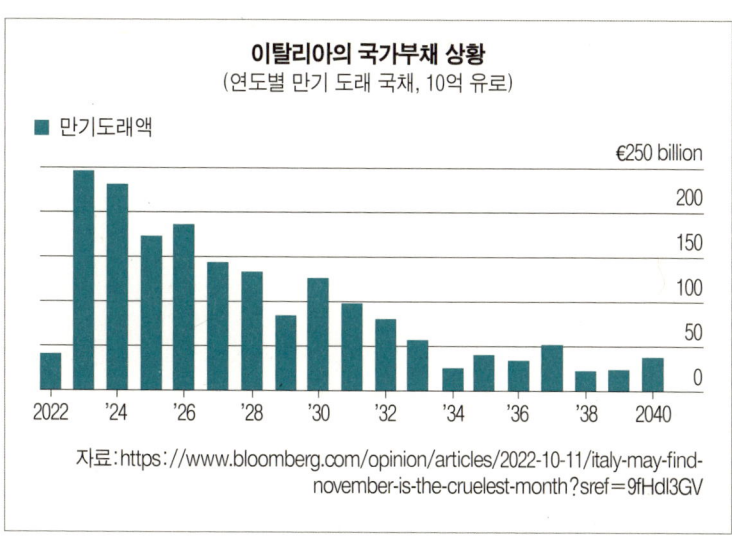

사정이 이런 만큼 이탈리아의 국가부도 확률은 상당히 높아졌다. 5년 만기 국채의 CDS 프리미엄은 2023년 3월 6일 현재 92.6bps인데 부도확률로 환산하면 1.5%를 넘는다.[15] 전년 6월에는 167bps까지 치솟기도 했다. 참고로 2023년 3월 6일 기준 그리스 92.6bps, 멕시코 114.9bps, 한국 41.2bps이다.

이탈리아야말로 정부 지출을 줄이고 국민 각자의 생산성을 높이기 위한 개혁이 절실하다. ECB 총재를 지냈던 전임 마리오 드

---

[15] http://www.worldgovernmentbonds.com/sovereign-cds/

> **참고자료: CDS 프리미엄과 국채 부도 확률**
>
> CDS란 Credit Default Swap의 약자로, 신용부도스와프라고 번역할 수 있다. 채무자가 돈을 못 갚을 때 CDS 판매자가 대신 갚아주는 일종의 보험상품이다. 그 보험료가 CDS 프리미엄이다. 채무자의 부도 위험이 높을수록 CDS 프리미엄도 높아진다.
>
> 부도가 나더라도 A 만큼을 회수할 수 있다고 가정하면 이 채권의 부도 확률은 CDS/(1-A)라고 추정해 볼 수 있다(위험중립성 가정). 흔히 그렇게 하듯 채권회수율을 40%라고 해보자. 그러면 이탈리아의 CDS 프리미엄 127.1bps가 뜻하는 부도 확률은 1.271(%)/(1-0.4)=2.118%가 된다. 1bps=0.01%이다.

라기(Mario Dragh) 이탈리아 총리는 늦었지만 개혁의 드라이브를 시작하려 했다. 하지만 의회의 불신임을 받아 업무를 수행할 수 없는 지경이 되었고 우여곡절 끝에 총리직에서 물러났다. 그 때문에 원래 2023년으로 예정되어 있던 총선을 2022년에 당겨서 실시해야 했다.

조기 총선에서의 승리로 집권하게 된 조르자 멜로니(Giorgia Meloni) 총리는 한때 무솔리니가 만들었던 파시즘을 추종하기도 했고, 유로존을 탈퇴해서 통화 주권을 회복하자고 주장한 적도 있다. 이번 선거에서는 전임 마리오 드라기 총리의 친시장 정책을 따라 재정긴축을 하겠다고 공약했지만 정말 그렇게 될지는 알 수 없다.

러시아와의 관계도 큰 변수다. 러시아에 대한 EU의 제재 때문에 이탈리아의 전기요금, 휘발유 가격은 천정부지로 뛴 채 추운 겨울을 지내야 한다. 여름에는 에어컨 작동도 할 수 없는 지경이 될지도 모른다. 그러다 보니 TV 프로그램에 러시아인이 자국 홍보를 하고 친러시아 인사들도 자주 등장한다고 한다.[16] 조르자 멜로니 현 총리와 더불어 공동 정권을 만들어낸 마테오 살비니(Matteo Salvini)는 누구나 다 아는 친러 성향이다. 이탈리아 국민이 현재의 고통을 견디면서 과연 유로의 일원으로 남아 있을지 장담할 수 없다. 킹달러와 고금리는 그 고통의 중요한 일부분이다.

---

[16] HTTPS://ITALICSMAG.COM/2022/07/05/IS-A-POST-LIBERAL-ITALY-NOW-ON-THE-HORIZON/

일본 엔화, 위험자산으로 추락할까?

달러에 대한 일본 엔화 가치는 최저 수준을 맴돌고 있다. 2022년 10월 20일 달러당 150엔을 돌파한 이후 그 주변을 오르내리고 있다. 1월 초 115엔과 비교했을 때 무려 24%나 그 가치가 추락한 셈이다. 튀르키예를 제외하면 세계에서 통화가치 추락이 가장 심한 나라이다.

2021년 초까지만 해도 일본 엔화는 최고의 안전자산 중 하나였다. 2008년 미국발 글로벌 금융위기 때는 달러에 대한 가치가 50%나 뛰었고, 코로나19 위기 시에도 거의 흔들리지 않았다. 그런데 이번에는 왜 이렇게 된 것일까? 결론부터 말하자면 돈 가치를 일부러 낮춰 놓고 있기 때문이다. 가치가 오를 만하면 엔화의

공급을 늘리기 때문에 오르지 못한다고 이해하면 된다.

여기서 킹달러의 원인인 미국 연준의 금리인상과 채권수익률 그리고 다른 나랏돈과의 환율에 대해 간략하게 살펴보자. 연준의 기준금리 인상, 양적긴축은 달러 유동성을 줄여 돈의 값인 금리를 높인다. 연준 보유의 국채 매각을 뜻하는 양적긴축은 채권 가격을 낮춘다. 이는 채권수익률의 상승과 그로 인한 시중금리 상승을 불러온다. 투자자들은 미국의 높은 금리 상품에 투자해서 돈을 벌기 위해 자금을 미국으로 옮긴다. 그 과정에서 일본 등 다른 나라에 투자된 돈은 달러로 교환되는데 그 결과 달러 가치가 상승하고 해당 국가 돈의 가치는 떨어진다. 즉 미국 연준이 기준금리 인상 등으로 돈줄을 조이면 상대방 통화당국이 가만히 있더라도 금리와 환율이 오르게 된다. 통화가치는 떨어지는 셈이다.

통화가치의 하락이 지나치다고 생각되면 통화당국, 즉 중앙은행은 두 가지 방어책을 시행한다. 첫째, 외환보유고라는 이름으로 가지고 있던 달러를 풀어 자국 화폐를 사들인다. 둘째, 기준금리를 높이고 보유하고 있던 국채 등을 매각해서 자국의 시장금리를 높인다. 그렇게 해서 달러 자금이 유출되는 것을 막는다.

일본은행은 막대한 달러를 풀어 엔화 가치 방어에 나섰다. 2022년 8월 30일부터 10월 27일까지 달러를 써가며 매입한 액수는 9조 1,881억 엔, 우리 돈으로는 89조 원에 달한다. 과거에도 대규모 환율 안정을 위한 대규모 개입이 있었다. 하지만 그중 규모가 가장 컸던 1997~1998년의 경우에도 4조 엔 수준이었다.[17] 10조 엔에 육박하는 이번 개입은 사상 최대 규모인 셈이다.

그런데도 개입의 규모에 비해 효과는 그리 크지 않았다. 엔화 약세의 가장 큰 원인인 제로금리 정책에 변화가 없기 때문이다.

---

17 円買い介入6.3兆円, 21日含む1ヵ月分 過去最大を更新, 日經 2022年10月31日, https://www.nikkei.com/article/DGXZQOUA311WY0R31C22A0000000/

엔화 방어를 위한 일본은행 시장개입 규모(단위: 억 엔)

연도	월	금액
1991년	5월	가입액 139
	6월	424
1992년	1월	63
	2월	896
	3월	387
	4월	2,036
	5월	1,673
	6월	1,477
	7월	478
	8월	160
1997년	12월	1조 591
1998년	4월	2조 8,150
	6월	2,312
2022년	8월30일~9월28일	2조 8,382
	9월29일~10월27일	6조 3,499

자료: Nikkei.com

미국 금리는 4% 이상으로 치솟았는데 일본 금리는 0% 또는 마이너스 수준에 머물러 있으니 달러 자금이 일본에 머무를 이유가 없는 것이다. 한국은행도 2021년 말부터 외환보유액 중 달러를 매각하고 있는 것으로 알려져 있다.[18] 2023년 1월부터는 3.5%를

---

[18] https://www.joongang.co.kr/article/25107166#home

유지하고 있는데, 2021년 말의 0.5%에 비해서 상당히 높아졌다. 그런데도 환율이 여전히 1,300원대의 높은 수준을 유지하자, 기준금리를 더 올려야 하는 것 아니냐는 말들이 나오고 있는 상황이다.

일본의 제로금리는 아시아 외환위기 때부터 시작되었다. 아시아 곳곳에서 외환위기 소동이 벌어지자 일본은행은 기준금리를 대폭 내리기 시작했고, 1999년에는 0%, 제로금리에 도달했다. 제로금리는 세계 금융 사상 초유의 일이었다. 말 그대로 엄청난 돈을 풀어내는 정책이었다. 중앙은행이 정부 발행 국채를 매입하는 양적완화 정책도 시작했다. 중앙은행이 뭔가를 매입한다는 것은 돈을 푼다는 것을 뜻한다. 이렇게 해도 일본의 경제성장은 세계 최저 수준을 면치 못했다. 물가상승률은 0%를 밑돌 때가 많았다. 인플레가 아니라 디플레 경제가 고착되었다. 일본 경제 당국은 그 디플레가 바로 일본 경제 침체의 원인이라고 생각했다.

2012년 수상이 된 아베 신조(安倍晋三)가 칼을 빼어 들었다. 돈을 마구 풀어서라도 물가상승률 2%를 만들어내겠다고 선언한 것이다. 물가를 낮추는 게 아니라 높이겠다는 약속이었다. 2013년 아베에 의해서 일본은행 총재로 선택된 구로다 하루히코(黑田東彦)는 아베의 공약을 통화정책으로 구체화했다. 기준금리를 0%로 유지하는 것은 물론 양적완화의 범위도 대폭 확대했다. 처음에는 정부 발행 국채만을 매입했는데 차츰 일반 기업들이 발행하는 회사채도 일본은행이 돈을 찍어서 매입해줬다. 심지어 정크본드 수준의 회사채도 사들였다.

2016년에는 10년 만기 장기국채의 수익률(금리)이 0%에서 유지되도록 무한정 국채 매입에 나섰다. 일드 커브 컨트롤(Yield Curve Control, 수익률 곡선 조절)이라고 불리는 정책이다. 다음 그림의 10년 만기 일본 국채의 수익률이 2016년 0% 밑으로 떨어진 것은 일본은행이 그렇게 될까지 국채를 매입했기 때문이다. 이렇게 해서 일본은 정책적으로 시중 장기금리를 0% 수준에 묶어 두고 있다.

일본이 제로금리를 고수했지만, 2021년까지는 미국과 유럽 등 대부분 선진국의 금리 역시 거의 0%에 가까웠기 때문에 일본 엔화는 여전히 강세였다. 하지만 이제 미국 금리는 상황이 완전히 달라졌다. 코로나19 직후 0.25%로 낮아진 이후 2년 남짓 그대로 이던 기준금리는 4.5%가 됐고, 0.6% 수준이던 미국 10년물 국채 수익률은 4%를 넘어섰다. 유럽 역시 비슷한 상황이다. 2022년 초 -0.3%에 머물던 독일 10년물 국채 수익률은 2%를 넘어섰다. 그런데 일본 국채는 0.25% 또는 그 아래 수준에 머물러 있다. 상

2016년 YCC 정책을 시작한 이후 일본 국채 수익률은 0.25% 밑에서 형성되어 왔다. 심지어 마이너스일 때도 많다. 일본은행이 그렇게 개입하기 때문이다.

황이 이렇기 때문에 달러 자금이 일본을 떠나는 것을 막기가 쉽지 않다. 보유 중인 달러를 써서 매물로 나온 엔화를 사들이고 있지만 반짝 효과일 뿐이다. 엔화를 무한정 풀어내는 정책을 계속하는 한 임시방편의 시장개입은 밑 빠진 독에 물 붓기에 불과할 것이다.

그렇다면 엔화는 위험자산으로 추락한 것일까? 그렇다고 보긴 어렵다. 한 나라의 돈이 얼마나 위험한지, 안전한지에 대한 판단은 해당국 정부의 신용을 반영하는 시디에스 프리미엄(CDS

Premium)으로 갈음할 수 있다.

2023년 3월 6일 현재 5년 만기 일본 국채의 시디에스 프리미엄은 25.0bps(1bp=0.01%)이다.[19] 즉 만 원짜리 국채를 사면 25원을 보험료로 낸다는 말이다. 이는 부도 확률 0.42%에 해당한다. 전년 초의 20bps 수준보다 약간 높아지긴 했지만 여전히 세계에서 가장 낮은 수준에 속한다. 같은 날 미국은 37.6bps를 기록했다. 일본이 미국보다 더 안전하게 평가받는다는 증거이다. 앞서도 언급했듯이 그날 한국은 41.2bps였다.

일본 엔화의 가치가 급락하긴 했지만 위의 정황들에 비춰볼 때 엔화가 안전자산에서 위험자산으로 바뀌었음을 뜻하는 건 아니다. 일본 국채의 신용은 여전히 높이 평가받고 있고, 그런 정부가 뒷받침하는 엔화도 안전자산의 속성을 여전히 인정받고 있는 것으로 보인다.

일본은 정부가 세계에서 가장 많은 빚을 지고 있는 나라다. GDP에 대한 일본 국채 총액의 비율은 237%, 미국의 107%, 한국의 38%보다 압도적으로 높다. 이렇게 많은 빚을 지고 있는데 여전히 안전하다고 인정받는 데는 다음과 같은 이유가 있다.

---

[19] http://www.worldgovernmentbonds.com/sovereign-cds/

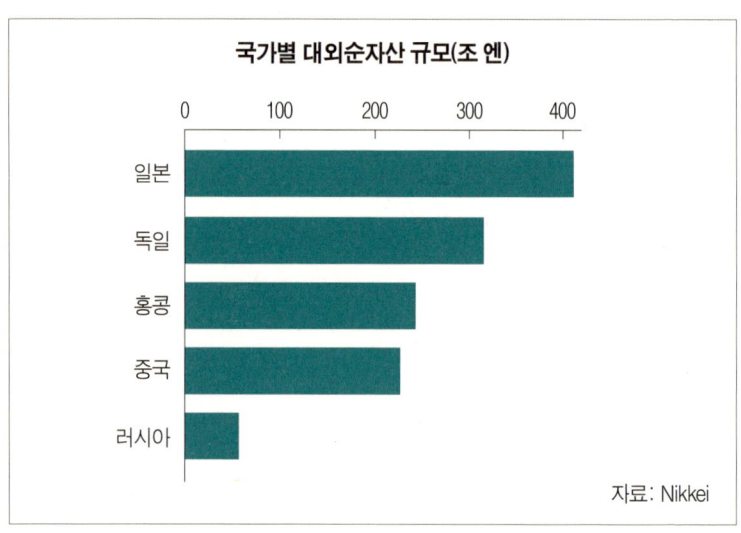

첫째, 일본의 대외채권이 채무보다 많다는 것이다. 일본 재무성 발표에 따르면 대외순자산은 411조 1,841억 엔(약 4,070조 원)으로 세계 1위이다.[20] 독일이 300조 엔, 중국이 200조 엔으로 그 뒤를 잇고 있다. 사실 일본은 30년 동안 세계 1위를 유지해오고 있다. 정부는 빚을 많이 졌지만, 민간인들의 외국에 대한 투자는 그것을 훨씬 뛰어넘는다는 말이다.

둘째, 세금을 거둘 수 있는 여력도 충분하다. 일본의 조세부담률은 31%로 다른 선진국에 비해 상당히 낮은 수준이다. 문제가

---

20 日本の対外純資産, 最高の411兆円 21年末. 2022年5月27日.
https://www.nikkei.com/article/DGXZQOUA272CY0X20C22A5000000/

생기면 세금을 더 걷어 갚을 여지가 크다는 말이다.

셋째, 일본 국채는 93%를 내국인이 보유하고 있다. 쉽게 말해서 정부가 국채를 못 갚는 상황이 되면 그냥 돈을 찍어서 갚아도 된다는 말이다. 실제로 지금도 일본은행이 양적완화라는 이름으로 국채를 무한히 매입해주고 있으니 이미 돈을 찍어서 빚을 갚고 있는 셈이다. 이런 이유 때문에 투자자들은 일본 정부가 국채를 갚지 않을 가능성은 거의 없다고 평가하고 있고, 그 정부가 발행하는 엔화도 안전자산으로 인정받고 있는 것이다. 일본 엔화 가치의 추락은 미국과의 금리차를 반영한 것이어서 일본은행이 기준금리를 올리면 엔화 가치는 다시 올라갈 가능성이 높다.

일본은행은 기준금리를 올릴 것인가? 2020년 12월 20일 일본은행은 10년물 국채금리의 변동 폭을 0±0.25%에서 0±0.5%까지 올렸다. 금리를 0.25% 올린 셈이다. 고집을 부리던 구로다 총재가 뜻을 굽힌 셈이다. 우크라이나 전쟁과 더불어 킹달러 환율로 인해 일본도 물가상승률이 3%를 넘어서게 되었다. 금리인상을 요구하는 여론을 마냥 무시할 수만은 없었던 모양이다. 특히 2023년 4월 총재의 임기가 끝나는데 새 총재가 들어서면 더욱 달라질 가능성이 높다. 디플레의 나라 일본도 킹달러의 충격에서 벗어날 수 없게 되었다.

중국 인민폐의 고민

포치(破七), 7이 깨진다는 뜻으로 달러에 대한 위안화 환율이 7을 넘어감을 말한다. 중국 돈의 가치가 떨어지는 것으로 중국인에게는 상당한 의미가 있다. 그런데 2022년 9월 20일에는 7이 깨졌고, 10월 31일에는 7.3까지 치솟았다. 2023년 3월 10일 기준 6.93으로 다시 내려왔지만 언제 다시 치솟을지 알 수 없다.

중국의 환율은 인민은행에 의해 관리된다. 매일 아침 전날 상황을 고려한 기준환율을 고시하고, 고시 환율을 제시하고, 상하 2% 범위 안에서만 사고팔 수 있다. 그러니까 인민은행이 원하는 대로 환율을 결정할 수 있다는 말이다. 그런데도 달갑지 않은 포치를 했다는 것은 자본이 빠져나가는 것을 방치할 수 없었기 때

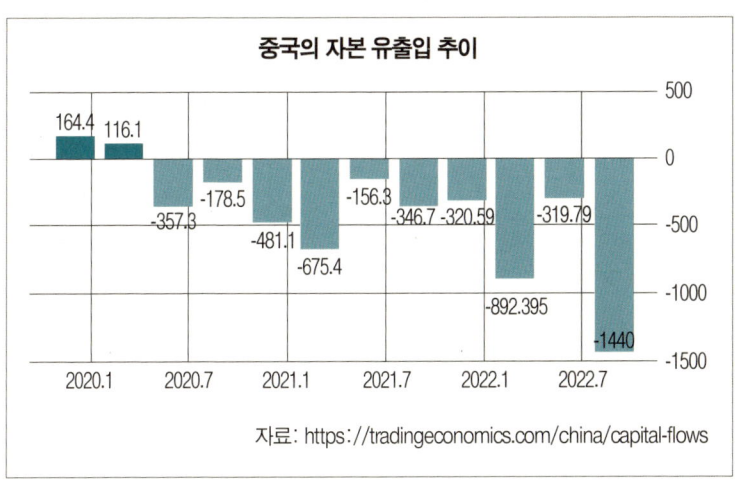

문일 것이다.

가장 큰 이유는 킹달러 때문이다. 대부분의 나라는 이런 상황에서 기준금리를 올리는데, 중국은 역외 환율 시장에서 증거금을 늘리는 등의 외환거래 규제로 대응했다. 기준금리는 오히려 내렸다. 2022년 초 3.8%이던 기준금리는 2월에 3.7%, 8월엔 다시 3.65%가 되었다. 상황이 이렇다 보니 투자금들이 나가지 않는 것이 이상하다.

중국이 기준금리를 올리지 않는 이유 가운데 하나는 부동산 경기의 악화이다. 부동산 개발업자들은 빚을 내서 중국 전역에서 아파트 건축사업을 진행했다. 투기 광풍이라고 불릴 정도로 집값 상

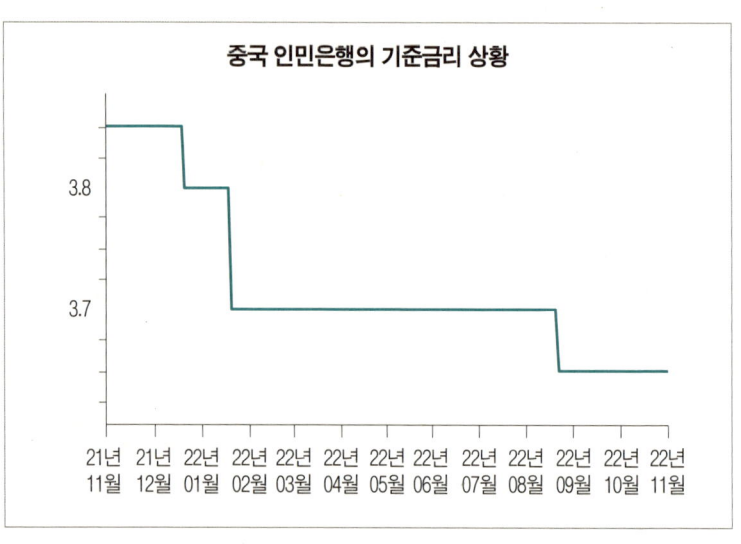

승세가 과열되자, 당국이 돈줄 조이기에 나섰다. 2020년 8월, 삼조홍선(三條紅線, 3개의 빨간 줄) 정책을 발표했다. 기업별로 현금, 주식발행액, 자산총액 각각에 대해 부채의 비율을 제한한 조치로 핵심은 부동산 개발업자들에 대한 대출 축소였다. 이 조치로 기업들은 자금난을 맞게 되었고, 중국 최대의 부동산 기업인 헝다 그룹이 채무를 갚지 못해 파산 위기에 직면했다. 당국의 관리로 파산에 이르지는 않았지만 위기는 현재도 진행 중이다.

2022년 봄부터 시작된 모기지 보이콧운동은 부동산 사태를 더욱 복잡하게 만들고 있다. 중국의 부동산 개발은 일종의 다단계

기타 중앙은행 기준금리 요약

중앙은행 금리	지역	백분율	날짜
FED 금리	미국	4.000%	2022.11.02
RBA 금리	오스트레일리아	2.850%	2022.11.01
BACEN 금리	브라질	13.750%	2022.08.04
BoE 금리	영국	3.000%	2022.11.03
BOC 금리	캐나다	3.750%	2022.10.26
PBC 금리	중국	3.650%	2022.08.22
ECB 금리	유럽	2.000%	2022.10.27
BOJ 금리	일본	-0.100%	2016.02.01
CBR 금리	러시아	7.500%	2022.09.16
SARB 금리	남아프리카공화국	6.250%	2022.09.22

사업처럼 진행되어 왔다. 개발업자들은 은행에서 돈을 빌려 땅을 확보한 후, 일반 소비자들에게 아파트를 선분양해서 미리 분양대금을 받았다. 그 돈은 당해 사업이 아니라 다른 분야로 사업을 확장하는데 쓰였다.

예를 들어 헝다 그룹의 경우 전기차 사업으로까지 진출했는데 그 투자금에는 선분양 대금도 분명히 포함되어 있었을 것이다. 부동산 경기가 좋을 때는 이런 방식이 잘 굴러갈 수 있었지만 삼조홍선 정책 등 당국이 철퇴를 가하자 부동산 경기는 가라앉았고, 아파트 시장도 얼어붙었으며 미분양이 속출하게 되었다. 운영자금마저 끊기자 선분양된 아파트의 건설 현장들이 멈춰 섰다. 그리고 선분양받은 아파트를 날릴 수도 있다는 우려에 잔금 지급을 집단으로 거부하는 소비자들이 생겨났다. 모기지 보이콧이라고 이름 붙여진 이 운동은 전국 119개 도시로 확산된 상태다.[21]

게다가 부동산 개발업자들은 특히 달러 채무가 많다. 2021년 기준 2,070억 달러,[22] 원화로 환산하면 270조 원에 달한다. 부동산 광풍을 잠재우려고 2014년 당국이 국내에서의 회사채 발행을 제한하자 업자들은 외국에서 돌파구를 찾았고, 결과적으로 많은 달러 채무를 지게 되었다. 이런 상황에서 달러 강세가 찾아오니 빚을 갚기가 더욱 어렵게 된 것이다.

사정이 이렇기 때문에 달러 강세에도 불구하고 인민은행은 금리를 내릴 수밖에 없었다. 하지만 위안화의 약세와 그에 따른 자본 유출은 감수해야 한다. 이 역시 중국에는 고민이다. 시진핑은 공동부유를 대표적인 슬로건으로 내걸었다. 알리바바 등 잘나가던 대기업을 멈춰 세운 것은 그 때문이다. 하지만 그것만으로는 부족하

---

[21] https://www.hankyung.com/international/article/2022101073691
[22] https://www.bloomberg.com/news/articles/2021-10-25/why-china-s-developers-have-so-much-dollar-debt-quicktake?sref=9fHdl3GV

다. 공동 부유를 위해서는 농민, 빈민층 등 수억 명에 달하는 사람들에게 일자리와 소득을 제공해야 하는데 그러자면 투자가 필요하다. 금리를 낮춰 놓았으니 외국 자금을 기대하기는 어렵다. 인민은행이 돈을 풀어 투자를 촉진할 수도 있으나 그러면 위안화의 가치는 더욱 떨어지게 된다. 중국은 지금 진퇴양난에 처했다.

이런 상황에서 새로운 가능성으로 떠오른 것이 사우디아라비아 등 중동 산유국과의 밀착이다. 산유국들이 중국에 대한 석유 수출 대금을 위안화로 결제하는 데 동의한다면 중국 돈은 오일달러 자리의 상당 부분을 대체할 수 있다. 덕분에 위안화의 가치는 오를 것이다. 이 지역의 시장을 정치적으로 확대할 수도 있을 테니 위안화 강세에 따른 수출 감소 효과를 누그러뜨릴 수도 있다. 2022년 12월 8일 시진핑의 사우디아라비아 국빈 방문 기간 중 체결된 양국 간 협정에는 중국 화웨이가 사우디아라비아에 클라우드 컴퓨팅 센터, 데이터 센터 등 첨단 기술 산업 단지를 건설하는 계획이 포함되어 있다.[23] 세계는 점점 더 우리가 살아온 세상과는 다른 방향으로 나아가고 있다.

---

23 https://www.yna.co.kr/view/AKR20221209049200009

킹달러에 무너지는 암호화폐

킹달러의 충격은 암호화폐 시장도 패닉 상태로 몰아넣었다.[24] 연준의 긴축에 따른 유동성 악화로 암호화폐의 가격이 폭락을 면치 못했고, 그 결과 가상화폐 거래소인 FTX는 파산했다. 엘살바도르는 국가 차원에서 비트코인에 투자했다가 부도 위기에 몰리게 되었다.[25] 대통령이 나서서 비트코인을 사 모으느라 달러를 탕진했는데, 그 비트코인 값이 반토막이 났기 때문이다.

---

[24] FTX's collapse shows the Fed's tightening is crushing speculative assets like crypto, https://markets.businessinsider.com/news/currencies/crypto-ftx-collapse-fed-rate-hikes-federal-reserve-bankruptcy-bitcoin-2022-11
[25] https://www.bloomberg.com/news/articles/2022-07-07/why-developing-countries-are-facing-a-debt-default-crisis?sref=9fHdl3GV

파산한 FTX는 바이낸스와 더불어 대표적 코인 거래소였다. 그런데 하루아침에 부도 상태로 추락했고, 미국 법원의 파산 처리 절차로 넘어갔다. 법률적으로 파산이란 남은 재산을 채권자들에게 나눠주는 과정인데, 아마 그럴만한 재산도 없는 것으로 추정된다. 이 거래소의 가장 중요한 자산인 FTX 토큰의 가치가 대부분 증발해 버렸기 때문이다.

2022년 11월 8일만 하더라도 20달러 선에서 거래되던 FTX 토큰은 11월 9일 5달러로, 그리고 11월 19일 기준 1.4달러로 주저앉았다. 거의 모든 가치가 사라졌다. 그런데 장기적 관점에서 보면 원래의 상태로 돌아간 것임을 알 수 있다. 다음 그림의 아래쪽 차트를 보면 코로나19 이전인 2019년 말 가격은 2달러 수준이었다. 2020년 11월 이후부터 가격이 급등했고 2021년 한때는 80달러를 찍기도 했다(10월 9일). 그러던 것이 연준 긴축의 파장이 누적되면서 파국으로 치달은 게 아닌지 추정된다. 그러니까 1.4달러 수준은 연준의 돈 풀기 이전의 원래 수준과 크게 다르지 않은 것이다. 2022년 5월 한국인 권도형이 창조한 테라 코인이 그런 꼴을 당했는데 6개월 만에 또 대형 사고가 터진 셈이다.

암호화폐의 원조인 비트코인도 비슷한 패턴을 보였다. 코로나19 이전 1만 달러 내외의 가격을 유지해 왔는데 2020년 11월부

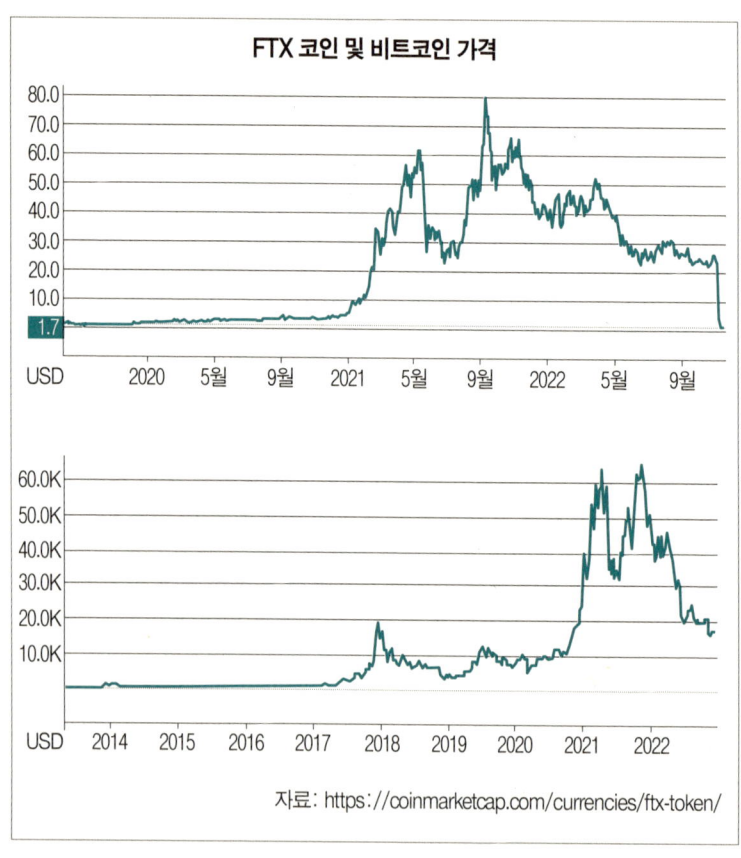

자료: https://coinmarketcap.com/currencies/ftx-token/

터 폭등을 시작해서 2021년 11월에는 6.5만 달러를 찍기도 했다. 그리고 2022년 11월 1.6만 달러 수준으로 떨어진 후 거의 비슷한 수준을 유지하고 있다(2022.12.18 기준).

　암호화폐 가격의 급등은 2020년 3월 말부터 코로나19 대책으로 시작된 연준의 돈 풀기 정책 때문으로 봐야 할 것이다. 당시의 연준은 돈을 찍어서 거의 정크본드 수준의 저신용 기업 회사채까지도 사줄 기세였다. 금융시장에 위험은 사라졌고, 위험자산일수록 수요가 몰려 가격이 뛰었다. 암호화폐는 가장 대표적인 위험자산이었으니 가격이 가장 많이 뛸 만한 상황이었다. 그러다가 연준이 긴축으로 방향을 바꾸자, 위험자산에 대한 수요는 급감했고, 암호화폐의 가격도 코로나19 이전 수준으로 회귀하고 있는 것으로 보인다.

물론 모든 암호화폐가 위험자산은 아니다. 그중에서도 USD 코인, DAI 코인, 바이낸스 USD 등은 안전자산의 성격을 가지고 있다. 스테이블 코인(안정 코인)이라고 불리는 이들 암호화폐는 발행자가 고객에게 1코인당 1달러로의 교환을 보장한다. 그러다 보니 연준의 긴축상황에서도 계속 코인당 1달러 가격을 유지하고 있다. 하지만 대다수의 암호화폐는 기존 법정통화로의 태환이 보장되지 않으며, 연준의 정책에 따라 그 가치가 널뛰기를 해 왔다.

사람들은 늘 일확천금을 꿈꾼다. 2021년 말부터 얼마간 암호화폐 투자자들은 그 꿈을 이루는 듯했다. 세계의 중앙은행들이 풀어낸 돈들이 홍수를 이뤘기 때문이다. 그 돈들이 증식할 곳을 찾아 다니다가 암호화폐라는 신기루로 몰려들었고, 마치 꿈은 현실이 되는 듯했다. 하지만 그 돈이 다시 제집을 찾아 돌아가자 일확천금의 신기루도 사라졌다.

대한민국도 자금난 속으로

    킹달러와 고금리 충격파는 한국도 예외가 아니다. 문재인 정권 시절, 집값이 오른다고 대출받아 집을 산 사람들은 난감한 처지에 놓이게 되었다. 금리가 올라 이자 부담은 늘어나는데 집값은 오히려 내려가고 있는 것이다. 고금리로 인해 전세금마저 떨어지다 보니 대출받아 집 사서 전세를 준 사람은 세입자에게 오히려 전세금을 돌려줘야 하는 상황이 된 것이다.

    집값 하락은 부동산 PF(프로젝트 파이낸싱)와 거기에 돈을 댄 금융기관들을 공포 속으로 몰아넣고 있다. 아파트 분양 수입을 담보로 투자한 것인데 분양이 어렵다. 집값이 더 내려갈 것 같아 소비자들이 집 사는 것을 미루기 때문이다. 그런데도 금리는 천정부

지로 오르고 있으니 2023년을 넘기기 힘든 건설사들이 많은 듯하다. 그 여파는 당연히 돈을 댄 금융사들로 번진다. 회사채 시장도 경색되어 정부가 한전에 회사채를 모집하지 말라며, 압력을 가하는 지경이 됐다. 그래도 여전히 자금 사정은 최악이다.

보험사들은 또 다른 형태의 자금난에 직면했다. 2022년 11월 1일 홍국생명이 5억 달러 영구채에 대해 콜옵션 행사를 포기하겠다는 공시가 나오자 한국 채권시장은 얼어붙었다. 한국 기업의 채권을 사겠다는 투자자가 사라졌다.

영구채란 영원히 원금 상환을 하지 않는 대신 비교적 고율의 이자를 매년 영구히 지급하는 채권이다. 하지만 영구채라고 해도 대부분은 5년 안에 갚곤 하는데, 이를 콜옵션이라고 한다. 문제는 홍국생명이 그런 관행을 깨고, 원금 상환을 하지 않겠다고, 즉 콜옵션을 행사하지 않겠다고 공시하면서 터져 나왔다. 글로벌 금융시장의 투자자들은 홍국생명이 자금난을 겪고 있다는 신호로 받아들였다.

채권 가격이 급락했다. 공시 전인 2022년 10월 30일 99.7달러에 거래되던 100달러짜리 영구채의 가격이 11월 4일 72.2달러로 추락했다.[26] 자금 조달 비용이 28%나 더 증가한 것이다. 그만

---

26 홍국생명 채권사태, 나무위키

큼 돈을 돌려받지 못할 위험이 커진 것으로 투자자들이 받아들였기 때문이다. 흥국생명의 신용에 대한 투자자들의 의심은 다른 금융사로 전이되어 동양생명, 우리은행, 신한금융지주 등의 영구채 가격이 모두 추락했다. 신용 채권 시장 전체에서 신용 경색이 심해지자 당국이 나서서 흥국생명을 압박했고 결국 원래의 공시를 뒤엎고 콜옵션을 행사해서 5억 달러를 상환하겠다고 입장을 바꿨다. 11월 7일 같은 채권의 가격은 97.5달러로 올랐다.[27] 다른 기업들에서 사정은 나아졌다.

영구채의 상환이 콜옵션 사항이라는 것은 상환을 해도 되고 안 해도 된다는 뜻이다. 다만 5년 내에 상환을 안 하면 6년째부터는 (2017년에 결정된) 높은 금리가 적용된다. 그래서 5년 이내에 상환한 후 똑같은 구조의 새로운 영구채를 발행하는 것이 관행처럼 되어 왔고, 투자자들도 대부분 그렇게 될 것으로 예상했다고 봐야 한다.

문제는 시중의 금리가 너무 높아진 나머지 영구채를 새로 발행할 때의 금융비용이 원금 미상환 시 적용되는 금리 부담보다 커졌다는 사실이다. 그러다 보니 흥국생명 입장에서는 원금을 상

---

[27] https://news.einfomax.co.kr/news/articleView.html?idxno=4241492

환한 후 새로운 영구채를 발행하는 것보다 상환하지 않고 원래 정해진 금리를 지급하는 것이 더 유리하게 된 것이다. 자구대로 해석하자면 그렇게 하더라도 계약 사항을 위반한 것이 아니다. 옵션이란 할 수 있는 권리일 뿐 꼭 해야 할 필요는 없는 조건이다. 하지만 널리 관행으로 굳어진 것을 하지 않게 되자, 이 회사의 자금 사정에 뭔가 문제가 생겼다는 식으로 투자자들은 해석하게 되었다. 그래서 채권 가격이 폭락하게 된 것이다.

이 사태의 근본 원인을 추적해 가다 보면 미국 연준의 정책에 닿아 있음을 알 수 있다. 그들이 기준금리를 올리고 보유하던 채권들을 매각하다 보니 전 세계의 채권가격이 추락하고 금리는 높아졌다. 그 충격을 줄이려고 한국은행도 기준금리를 올렸고, 한국의 시중금리는 더욱 올랐다. 그 결과 모든 채권의 발행가격이 낮아졌다. 흥국생명이 발행하려던 영구채도 예외가 아니었다. 엎친 데 덮친 격으로 강원도의 레고랜드 결정은 채권 시장의 자금난을 더욱 부추겼다. 흥국생명 사태는 연준의 긴축정책이 만들어낸 일파만파 중의 하나라고 봐야 할 것이다.

제2장

달러의 위용

달러의 위상

　달러는 세계 대부분 지역의 상품 수출입에서 가장 많이 쓰이는 통화이다. 다음의 그림은 1999~2019년 지역별로 수출품 가격 책정에 어떤 통화가 사용되었는지를 보여주는데, 아메리카 대륙은 96%, 아시아태평양 지역은 74%, 기타 지역은 79%가 달러이다.[28] 다만 유럽 지역의 경우 달러는 23%인 반면 유로가 66%로 압도적으로 많은데, 그럴만한 이유가 있다. 유로 지역 내 국가들 사이의 거래도 수출입으로 잡히는데, 사용되는 통화는 당연히 자국통화인 유로가 사용될 테니, 유로의 비중이 높은 것이 자연스

---

[28] https://www.federalreserve.gov/econres/notes/feds-notes/the-international-role-of-the-u-s-dollar-accessible-20211006.htm#fig2

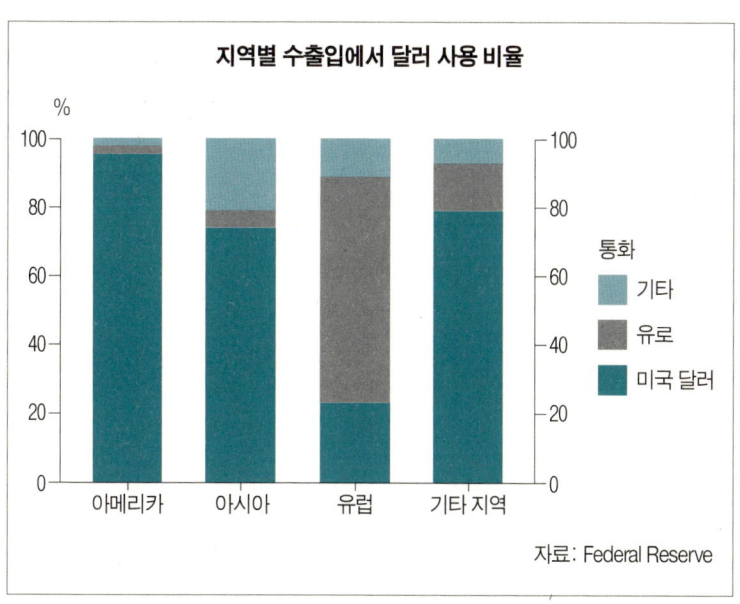

럽다. 하지만 이 나라들도 유로 이외 지역으로의 수출입에는 달러를 많이 쓸 것으로 추정된다.

나라들마다 다른 나라에 진 부채, 즉 외화 표시 부채 중에서도 달러의 비중은 64%, 2/3를 차지한다. 유로는 24%, 일본 엔화는 2.9%, 중국 위안화 표시 부채는 1.4%이다. 20년 전(2000년의 73%)에 비해 약간 줄어들긴 했지만 여전히 압도적이다. 그래서 달러값이 오르면 나라들마다 빚을 갚기가 어려워지고 심하면 외환위기로 빠져들게 된다.

그럴 때를 대비해서 나라마다 외환보유고를 쌓아 둔다. 특히 아시아 외환위기 이후 우리나라를 비롯한 신흥국들은 위기에 대비해서 적극적으로 외환보유고를 쌓기 시작했다. 1990년대말 2조 달러 수준이었는데 2022년에는 12조 달러를 넘어섰다. 각국의 달러 자산 보유량도 급격히 늘었다. 2021년 현재 통화별 비중은 달러 60%, 유로 21%, 일본 엔화 6%, 중국 위안화 2.4% 이다. 이렇게 달러는 비축용 재산의 역할을 하기 때문에 Reserve Currency, 즉 비축용 통화 또는 준비자산으로도 불린다.

미국 연준은 세계 외환거래, 나라별 외국으로부터의 차입금 등

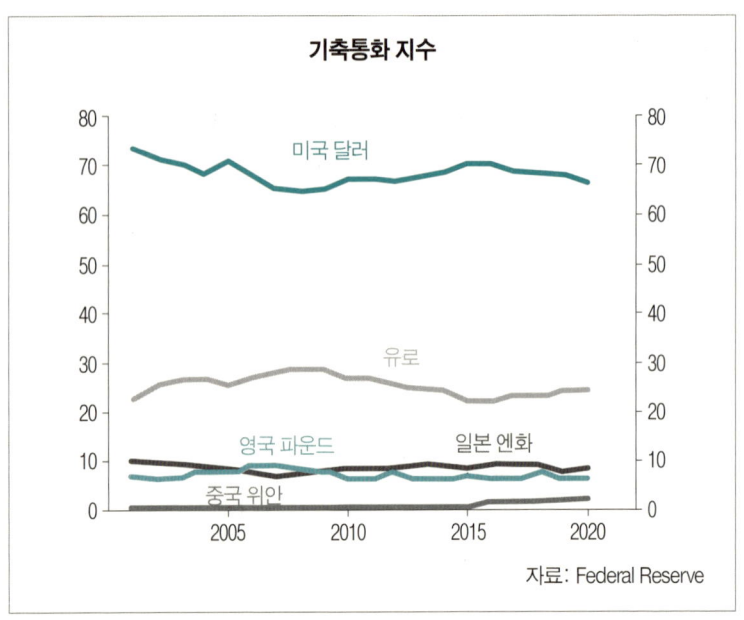

5개 부문에서 주요 통화들의 비중을 가중 평균한 '기축통화 지수'를 발표했다. 달러의 비중은 2001년 73%에서 2020년 67%로 약간 떨어졌다. 그러나 24%의 유로, 8.5%인 엔화, 2.1%인 중국 위안화에 비하면 기축통화로서 달러의 지위는 여전히 탄탄하다.

다음 그림은 지난 200년 동안 세계 통화 시장에서의 주요 통화 점유율을 나타낸다. 1800년대 초부터 제2차 세계대전 때까지는 영국 파운드화가 지배적 통화였다. 프랑화와 독일 마르크도 상당한 위상을 가졌지만 파운드화만은 못했다. 영국이 세계 최강

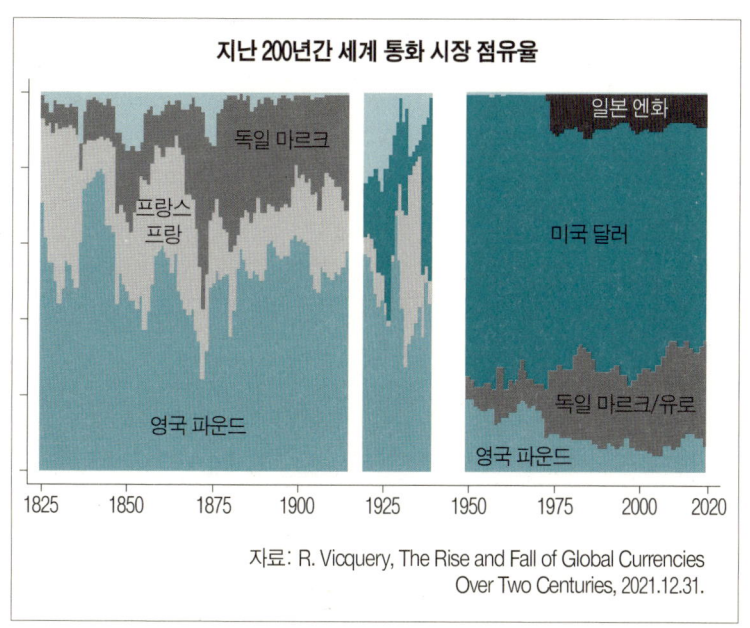

의 국력을 가진 데다 전 세계에서 가장 넓은 식민지를 보유하고 있기 때문일 것이다. 게다가 파운드화는 금 태환이 보장되는 금본위 화폐이기도 했다.

1945년 제2차 세계대전이 끝난 다음부터 달러의 점유율은 급격히 커진다. 세계 최강의 나라로 부상한 데다 금의 대부분이 미국으로 모였기 때문이다. 영국 파운드의 지위는 급격히 위축되어 갔다. 라인강의 기적이라고 불릴 정도로 독일의 경제가 성장하면서 독일 마르크화의 위상이 높아져 갔는데, 2000년대 이후 유로가 이어받았다. 일본 엔화 역시 급격한 경제성장 덕분에 1970년대 이후 그 위상이 상당히 높아졌지만 거기서 더 변화는 없다. 1950년대만큼은 아니지만 달러는 여전히 기축통화의 지위를 굳건히 지키고 있다.

달러의 또 다른 모습, 미국 채권

달러의 기축통화 지위, 특히 준비자산의 지위는 세계의 중앙은행들이 보유하는 외환보유고로 확인되고 유지된다. 구체적인 모습은 현금보다는 미국 정부가 발행하는 국채가 훨씬 더 큰 비중을 차지한다. 국채는 미국 정부가 10년 후 또는 20년 후 만기가 되면 액면가를 돌려주는 유가증권이다. 그동안은 정해진 이자(쿠폰금리라고 부른다)도 지급한다. 주기적으로 수익이 생긴다는 점에서 거의 수익이 없는 현금 달러나 예금 달러보다 선호된다.

세계 국채시장에서 미국채는 압도적 비중을 차지한다. 다음 그림은 시장 매매가 가능한 국채의 국가별 금액을 나타낸다. 오른쪽 ■ 막대는 미국채, 왼쪽의 막대는 유로존의 것으로 유로존 전

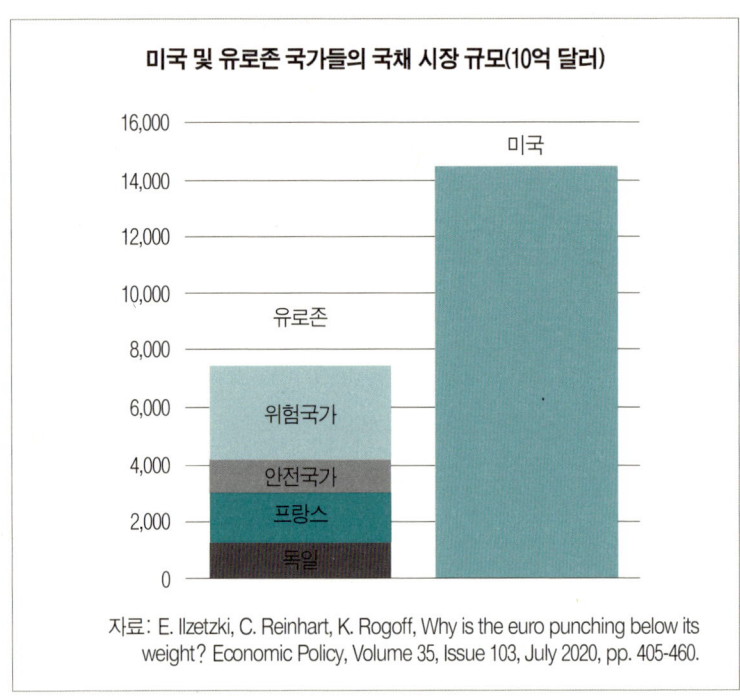

자료: E. Ilzetzki, C. Reinhart, K. Rogoff, Why is the euro punching below its weight? Economic Policy, Volume 35, Issue 103, July 2020, pp. 405-460.

체를 합쳐도 미국의 절반에 불과하다.[29] 유로존의 국가 채권 중 위기에 처한 이탈리아, 그리스 등에서는 안전자산 역할을 못 한다. 미국 정도 수준의 채권은 독일, 프랑스 등 그 나머지 국가의 것으로 다 합쳐도 미국의 1/4을 조금 넘는 수준이다. 미국채의 규모와 현격한 차이가 있다.

---

[29] E. Ilzetzki, C. Reinhart, K. Rogoff, Why is the euro punching below its weight? Economic Policy, Volume 35, Issue 103, July 2020, pp. 405-460.

외국인들이 미국채를 대량으로 사들이기 시작한 것은 1974년부터이다. 미국이 안보를 보장하는 대가로 사우디아라비아는 모든 석유 대금 결제를 달러로 하고, 판매수입으로 미국 정부가 발행하는 국채에 투자하기로 합의한 후, 미국채 보유량은 급격히 증가했다.

수요가 늘어나는 만큼 미국채 가격은 오르고 금리는 떨어졌다. 당시 달러는 위기 상황이었다. 1971년 금 태환 중지 선언 이후 가치가 급락했고, 머지않아 기축통화 지위도 잃을 것이라는 예상들이 쏟아졌다. 하지만 사우디아라비아와의 이런 관계가 형성되면서 달러는 위기를 벗어나 기사회생할 수 있었다. 준비자산으로서 미국채의 위상도 높아졌다.

1980년대에는 일본이 미국의 자산을 사들이는 대열에 합류했다. 도쿄를 팔면 미국 땅을 다 살 수 있다는 우스갯소리가 나돌던 시절이었다. 일본이 보유한 미국채의 양도 급증했다.

외국인들의 미국채 매입은 1990년대 말 아시아 금융위기를 겪으면서 다시 한번 붐을 이루게 된다. 금융시장에서는 조지 소로스 등 환투기 전문 투자자들이 등장했고, 아시아 금융위기의 발발에 큰 역할을 했다. 이들의 공격에 취약한 신흥국들은 저마다 외환보유고 쌓기에 나섰다. 다음 그래프의 검은색 선은 선진국,

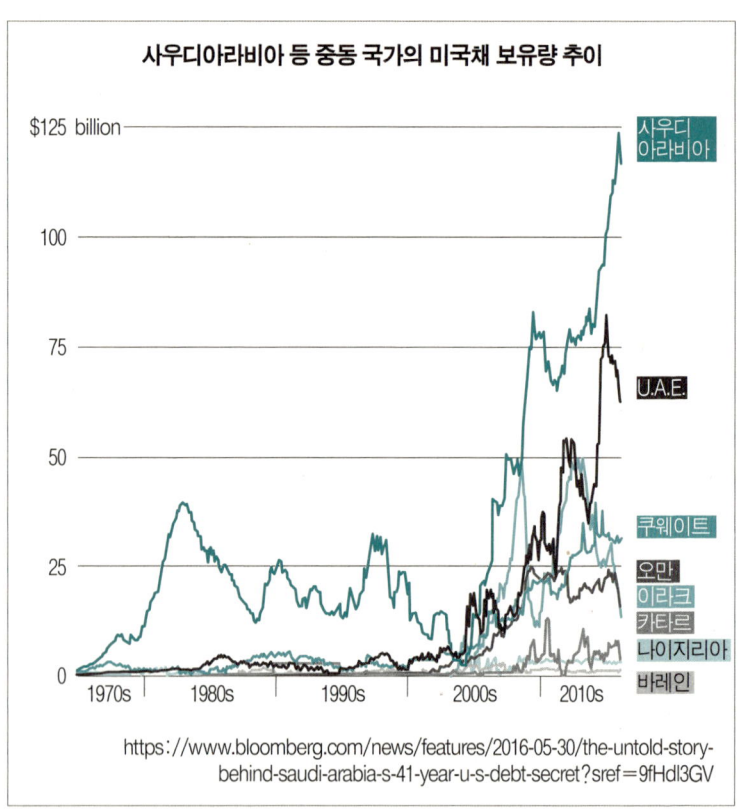

청록색 선은 신흥국의 외환보유고를 나타내는데, 2000년 이후부터 청록색 선이 급상승하는 것을 알 수 있다.[30] 미국채가 외환보유고의 가장 큰 비중을 차지하게 되었다.

---

30 https://emergingmarkets.blog.franklintempleton.com/2015/04/24/significant-slip-just-blip-emerging-markets-foreign-exchange-reserves/

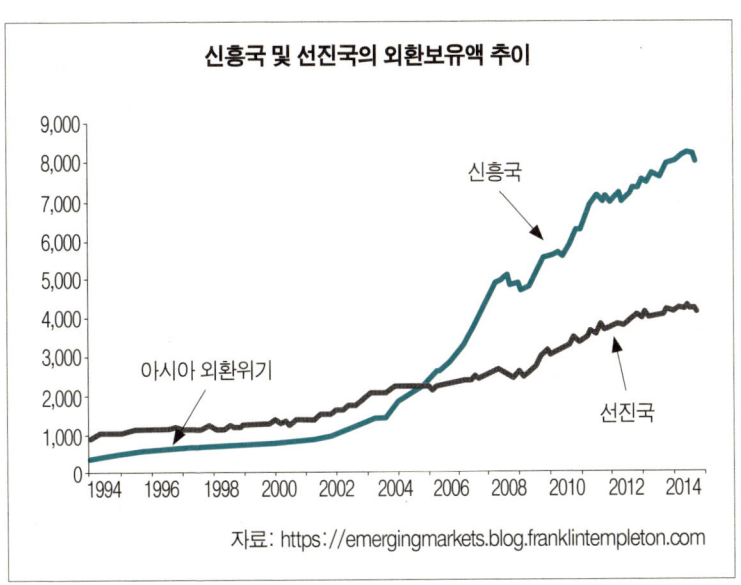

2000년대에는 중국이 본격적으로 미국 국채를 사들이기 시작했다. 막대한 경상수지 흑자 덕분에 쏟아져 들어오는 달러를 인민은행은 고스란히 외환보유고 쌓는 데 쏟아부었다. 그중 절반 이상은 미국 정부 발행 국채였다.[31]

거대한 미국채 유통량이 달러의 위상을 받쳐준다고 해도 과언이 아니다. 여기서 자연스럽게 한 가지 의문이 생긴다. 국채는 빚이고 빚이 많으면 부도 위험이 높아져 나라 자체가 위험해진다. 그

---

[31] China's Foreign Exchange Reserves and Holdings of U.S. Securities, USCC Economic Issue Brief No. 2 | March 21, 2014.

리스나 이탈리아가 생생한 사례다. 그렇다면 국가부채가 GDP의 106%나 되는 미국도 위험해지는 것 아닐까? 국채의 신용 상태를 보여주는 지표, CDS 프리미엄을 보면 부채의 위험도를 제법 정확히 평가할 수 있다.

5년 만기 미국채의 CDS 프리미엄은 대부분 20bps 안팎에서 움직인다(1bp = 0.01%). 주로 10bps 미만에서 움직이는 독일보다는 높지만 100~300bps 사이를 오가는 이탈리아보다는 훨씬 낮다. 국가부채 비율이 GDP의 106%면 상당히 높은 수준이지만, 부도의 위험은 거의 없는 것으로 평가받고 있는 것이 미국채의 현실이다. 그 덕분에 미국채가 안전자산으로 평가받고, 외환보유고 구성에서 가장 인기 있는 자산이 되어 온 것이다.

이번 연준의 급격한 금리인상으로 미국채의 가격도 하락을 면치 못했다. 그래서 보유량을 줄이는 나라들이 제법 있다고 한다. 일본과 중국은 환율을 방어하느라 미국채를 대량매각하기도 했다.[32] 하지만 기축통화로서의 위상을 흔들 정도까지는 아닌 듯하다. 작금의 미국채 가격 하락은 고금리에서 비롯된 것일 뿐 미국의 국력 하락 신호가 아니기 때문이다.

---

[32] https://www.reuters.com/business/finance/update-foreign-holdings-treasuries-drop-lowest-since-may-2021-data-2022-11-16/

달러, 떠돌이 돈에서 기축통화까지

지금은 달러가 전 인류에게 돈의 대명사처럼 되었지만, 원래는 미국 돈도 아니었다. 달러는 원래 독일어라고 한다. 서기 1500년 무렵 보헤미아의 은광에서 채굴된 은으로 주조한 동전을 탈러(Thaler)라고 불렀는데, 그것이 신대륙의 영국 식민지에서도 쓰이게 되었다. 탈러는 골짜기라는 뜻의 독일어였는데 영어권으로 들어오면서 달러로 음이 바뀌었다고 한다. 아메리카는 영국 식민지여서 파운드를 쓸 법했지만, 본국 화폐를 구하기 어려워 달러가 많이 통용되었다. 1776년 독립을 성취한 이후 파운드를 버리고 달러를 택하게 되었다. 영국과 전쟁을 벌여가며 얻어낸 독립이었으니 파운드를 버릴 만도 했다.

미합중국의 공식적 화폐 발행은 1776년 독립과 더불어 시작되었고, 미국 정부의 법정통화 발행권 장악은 1860년대부터이다. 우리가 현재 사용하고 있는 달러는 1914년부터 발행되기 시작했다.[33] 중앙은행인 연준이 세워지고 1년 만에 새 돈이 나온 것이다. 그로부터 30년 후인 1944년 브레턴우즈 회의에서 공식적으로 세계의 기축통화로 등극했지만 실질적으로는 거의 발행과 더불어 세계 통화 역할을 하기 시작했다.

그 당시 미국 경제는 영국을 추월해서 세계 최강대국이 되었다. 하지만 세계 무역은 여전히 영국의 수중에 있었고 돈 역시 영국 파운드화가 기축통화였다. 1914년에 발발한 제1차 세계대전이 달러의 위상을 완전히 바꿔 놓았다. 당시 선진국들은 대부분 금본위제를 운용 중이었다. 지폐를 가져오면 일정량의 금과 교환을 보장해줬다. 금 태환이라고 부르는 이 장치가 당시 금본위제의 핵심이었다. 제1차 세계대전이 터지자 참전국 정부는 금 태환을 중단하고 지폐를 마구 찍어 전비를 조달했다. 당연히 화폐가치는 추락했다. 그나마 영국은 기축통화의 지위를 지키느라 금본

---

[33] Richard Best, How the U.S. Dollar Became the World's Reserve Currency, Investopia, 2022.09.24.
https://www.investopedia.com/articles/forex-currencies/092316/how-us-dollar-became-worlds-reserve-currency.asp

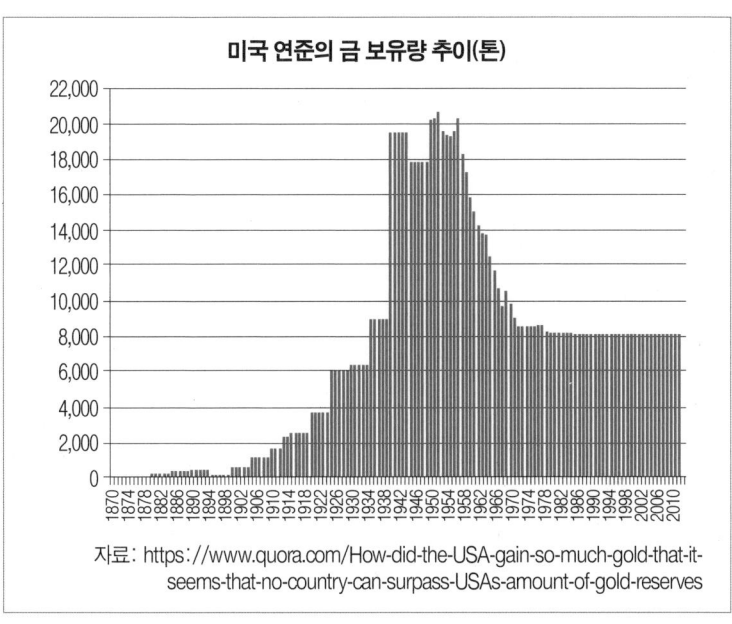

자료: https://www.quora.com/How-did-the-USA-gain-so-much-gold-that-it-seems-that-no-country-can-surpass-USAs-amount-of-gold-reserves

위제를 유지하긴 했지만 급증하는 전비를 조달할 수 없었다. 결국 최강대국으로 성장한 미국에서 돈을 빌려야 했다. 1931년 영국마저 결국 금본위제를 포기했다. 이 무렵부터 금 태환이 가능한 미국 달러가 세계 최강의 화폐로 떠오르게 되었다.

1941년 발발한 제2차 세계대전은 달러를 더욱 압도적인 국제 화폐로 만들었다. 영국, 프랑스 등 연합국들은 미국에서 군수물자를 사들여야 했는데, 그 대가로 금을 지불했다. 유럽 국가들이 보유하던 금이 미국 연준의 금고에 쌓여 갔다. 1838년 9천 톤이던 미 연준의 금 보유량은 1942년 2만 톤에 육박하게 되었다. 유럽 나라들의 금고에서는 그만큼 금이 줄었다고 보면 된다. 금이 사라진 나라의 돈들은 그저 종이쪽지에 불과할 수도 있었다. 연합국의 승리가 거의 분명해진 1944년 미국은 뉴햄프셔주의 브레턴우즈 소재 워싱턴 호텔에 44개국의 대표를 불러 모아, 새로운 국제 통화질서에 대한 합의를 끌어냈다. 세계 금의 대부분이 미국에 쌓여 있는 상황에서 결론은 처음부터 분명했다. 미국은 금 1온스당 35달러로 금 태환을 보장하며, 금이 바닥난 나머지 나라들은 미국 달러에 자국 통화의 환율을 고정하기로 했다.

브레턴우즈 체제라고 불리는 이 새로운 국제통화 질서는 GATT(General Agreement on Tariffs and Trade, 관세 및 무역에 관한 일반 협정) 체제에 의한 자유무역 질서와 더불어 전후 미국 주도의 글로벌 경제를 출범시키는 데 결정적 역할을 했다. IMF와 IBRD도 같이 만들어졌는데, 전자는 회원국이 달러 부족으로 고정환율을 유지할 수 없을 때 부족한 달러를 대출해주는 역할이고, 후자는 가난한 후진국의 경제발전을 돕는 임무를 부여받았다. 후에 월드뱅크로 이름이 바뀌었다.

브레턴우즈 체제는 1971년 미국의 일방적 금 태환 중지로 끝을 맺는다. 달러의 금 태환에 바탕을 둔 이 국제통화 체제는 처음부터 구조적 모순을 안고 출발했기 때문이다. 1945년 제2차 세계 대전이 끝나고 전후 경제 부흥이 시작되었다. 그에 따라 늘어난 국제무역 거래는 대부분 달러로 결제되었고, 달러 수요도 폭발적으로 늘었다. 당연히 달러의 발행량도 늘어야 했다. 금은 그대로 인데 달러만 늘어난 것이다.

미국 국내 문제도 미국 정부로 하여금 달러 발행량을 늘리게 했다. 1960년대부터 미국은 베트남전을 치르느라 밑 빠진 독에 물 붓기식으로 돈을 썼다. 복지 확대를 위해서도 많은 돈이 필요했다. 문제는 금 태환이었다. 돈은 늘어나는데 미국 연준의 금 보유량은 그대로일 수밖에 없었다. 금에 대한 달러의 잠재적 가치는 공식적 태환 비율인 온스당 35달러보다 낮게 인식되기 시작했다. 달러 가치에 대한 신뢰가 깨진 회원국들은 서로 달러를 금으로 태환하고자 했고 연준의 금 보유량은 급격히 줄었다. 출범 당시 2만 톤을 넘던 미국의 금 재고는 1970년 8천 톤으로 급락했다. 곧 금이 바닥날 것 같다고 판단한 리처드 닉슨(Richard Nixon) 대통령은 1971년 일방적으로 금 태환의 중지를 선언했다. 브레턴우즈 체제는 그렇게 끝이 났다.

그때부터 미국 달러의 가치는 자유시장에 의해 결정되었다. 즉 금과 무관하게 외환시장에서의 수요와 달러의 공급 상황에 따라서 결정되는 이 시스템이 현재까지도 유지되고 있는 것이다.

달러가 금의 뒷받침을 받을 수 없게 되자 가치는 출렁거렸다. 금으로 표시된 달러 가치는 그야말로 폭락을 면치 못했다. 원래 온스당 35달러였는데 10년이 지난 1980년 무렵에는 거의 10배로 그 값이 올랐다. 영국 파운드 등 주요 통화에 대한 평균환율을 말해주는 달러 인덱스도 20% 정도 떨어지게 되었다.

하지만 국제통화의 지위는 여전히 건재하게 유지되었다. 예를 들어 은행 간 국제 신용 거래에서 달러의 비율은 1970년대 내내 거의 70% 수준을 그대로 유지했다.[34] 중앙은행들의 외환보유고 중 달러의 비율은 1970년 77.2%에서 1980년 67.2%로 약간 줄고, 그 공백을 엔화와 독일 마르크가 메웠다. 하지만 기축통화로서 달러의 위상에 영향을 줄 정도는 아니었다.

사우디아라비아-미국 두 나라 사이의 세기적 거래가 달러의 위상을 유지하는 데 큰 역할을 했다. 이 무렵 산유국들 주도로 국제유가가 치솟자 미국은 사우디아라비아와 몇 가지 사항에 합의하게 된다. 사우디아라비아는 미국에 왕정체제를 인정할 것, 안보를 위해 미국 무기를 제공할 것을 요구했다. 그 대가로 미국은

---

[34] Akinari Horii, The evolution of reserve currency diversification, BIS Economic Papers, 1986.

사우디아라비아에 석유 대금 결제를 미국 달러로 하고 판매대금으로 미국 국채를 매입할 것을 요구했다. 소위 오일 달러 또는 페트로 달러 체제는 그렇게 탄생했다. 금 태환 정지에도 불구하고 달러의 위상이 유지된 데는 이 협약이 큰 역할을 했다.

1980년대 일본 경제가 급성장하면서 엔화의 영향력도 확대되었다. 특히 아시아 지역에서 엔화의 사용 비율이 많이 늘었지만 1990년대 이후에는 정체되었다. 2000년대 초 유로가 탄생했고, 초기에는 영향력이 급격히 늘었지만 2005년 이후 더 이상의 진전을 보이지는 않았다.

2008년 서브프라임 사태와 리먼 브라더스의 파산에서 비롯된 글로벌 금융위기는 60년 넘게 유지되어 온 달러의 위상에 치명적 타격을 가하는 것으로 보였다. 미국은 세계경제에서의 발언권이 약화되었다. 이 과정에서 연쇄반응으로 그리스 등 남유럽 재정위기가 터지면서 유로는 미래가 불확실한 돈으로 격하되었다.

미국과 유럽의 위기는 중국의 위상을 높여 주었다. 대부분의 선진국들이 마이너스 성장으로 돌아섰는데 중국만은 거의 10% 수준의 성장률을 유지했다. 그 힘으로 세계경제에 엄청난 시장을 제공했다. 일대일로 정책을 통해 전 세계의 신흥국들에 인프라 건설용 투자금을 대출해주기도 했다. 2016년 IMF는 드디어 특별인출권 바스켓 구성에 10.92%의 비중으로 중국 위안화를 새로 포함시켰다. 일본 엔화의 8.33%, 영국 파운드화의 8.09%보다 높은 비중이었다.[35] 이런 추세라면 중국 위안화는 곧 달러를 넘어설 수도 있다는 분위기가 만들어졌다. 그러나 시장에서의 반응은 달랐다. 중국 인민폐의 사용이 늘어난 것은 사실이지만 그 비율은 3% 미만이었다.[36] 미국 달러의 70% 수준에 비할 바가 못 된다.

우크라이나 전쟁 이후 중국 돈의 위상이 그보다 조금 더 높아진 것도 사실이다. 미국이 러시아를 SWIFT(국제은행 간 통신협정)에서 배제하자 러시아는 달러로의 수출이 어려워졌다. 그러면서 중국 돈의 사용량이 늘었다. 하지만 여전히 그 비중은 3% 수준을 크게 벗어나지 못하고 있다. 당분간 달러를 대체할 통화는 나오지 않을 것으로 보인다.

한편 미국 경제는 2014년 무렵부터 다시 살아나기 시작했다.[37] 게다가 미국 석유 업자들은 기술혁신을 통해 셰일오일 산업화에

---

[35] https://www.imf.org/en/News/Articles/2016/09/29/AM16-NA093016IMF-Adds-Chinese-Renminbi-to-Special-Drawing-Rights-Basket
[36] https://www.federalreserve.gov/econres/notes/feds-notes/the-international-role-of-the-u-s-dollar-20211006.html
[37] https://www.cnbc.com/2015/01/29/why-is-the-dollar-rising-what-you-need-to-know.html

성공했고 미국은 사우디아라비아, 러시아를 제치고 세계 최대의 산유국이 되었다. 달러 가치도 다시 살아났다. 코로나로 세계경제가 얼어붙자 투자자들은 앞다퉈 달러 자산을 사들여 최고의 안전자산임을 확인해줬다. 그리고 연준의 기준금리 인상이 시작되면서 다른 모든 통화들이 달러 앞에 쩔쩔매는 상황까지 이르게 되었다.

달러 등에 업힌 나라들:
달러 사용국 vs 달러 페그국

달러는 세계의 많은 나라에 자국 화폐가치 결정을 위한 기준점 역할을 한다. 즉 세상에는 달러의 등에 업혀 가는 나라들이 많다. 가장 극단적인 형태는 직접 달러를 사용하는 것이고, 조금 간접적인 방법은 자국 통화의 가치를 달러의 일정 비율로 고정시켜 놓는 것이다. 이것을 페그제라고 한다.

자국 통화를 포기하고 달러를 쓰는 나라는 짐바브웨, 에콰도르 등이다. 짐바브웨는 2009년 자국 화폐인 짐바브웨 달러를 포기하고, 미국 달러, 유로 등 몇 개의 외국 통화를 공식 화폐로 인정했다. 하이퍼인플레이션 때문이었다. 2008년 물가상승률은 800억%

에 달했다.[38] 우리로서는 그게 어떤 상태인지 상상조차 하기 어려운 수준이다. 국민들은 누구도 자기 나랏돈을 받으려 하지 않았고, 자연스럽게 달러를 비롯한 외국 돈을 쓰게 되었다. 정부도 결국 공식적으로 외국 돈들을 인정하게 되었다. 이 나라는 2019년 다시 자국의 법정통화를 발행하기 시작했다. 그러자 놀랍게도 하이퍼인플레이션이 다시 시작되었다. 2022년 11월 기준 물가상승률은 255%이다.[39] 머지않아 2008년과 같은 상황이 재현될 듯한 느낌이다.

사실 온전히 통화 주권을 누리려면 국민도, 지도자도 상당한 자제력이 필요하다. 인간은 방탕함에 빠지기 쉬운 존재다. 특히 남의 돈을 쓰는 일이라면 십중팔구 그렇게 된다. 돈을 마구 찍어서 투자하고, 복지도 늘리게 된다. 그 결과는 대부분 하이퍼인플레이션이다. 돈이 휴지만도 못한 상황이 찾아온다. 아무 것도 믿을 것이 없게 되어 혼란과 가난의 나락으로 빠져든다. 국민도 지도자도 그렇게 방탕함의 대가를 치르게 되는 것이다. 그런 나라들은 결국 견디다 못해 달러를 자국 통화로 받아들이곤 한다. 아

---

[38] https://en.wikipedia.org/wiki/Hyperinflation_in_Zimbabwe#Inflation_rate
[39] https://tradingeconomics.com/zimbabwe/inflation-cpi

니 정부가 행동하기 전에 국민들이 스스로 자국 통화가 아닌 달러로 거래하고 달러로 저축하게 된다.

에콰도르는 외부 충격을 감당하기 어려워 달러를 택했다. 이 나라는 원래 수크레라는 자국 화폐가 있었는데, 1995년 인접한 페루와의 전쟁, 그리고 멕시코 외환위기의 여파로 외국 자본이 급격히 빠져나갔고, 1998년 말부터 외환위기 상태에 빠져들었다. 1999년 초 달러당 6,800수크레이던 환율이 연말에는 20,000수크레까지 뛰었다. 경제성장률은 -8%, 물가상승률은 90%를 넘게 되었다(1999년). 그대로 두면 하이퍼인플레이션의 악순환에 빠져들 것이 불 보듯 뻔했다. 자밀 마후아드(Jamil Mahuad) 대통령은 자국 통화를 포기하고 달러를 공식 통화로 채택하는 결정을 내렸다. 물가는 차츰 잡히기 시작했고 2003년에는 7.9%로 안착되었다.[40]

한편, 자국 통화를 가지면서도 달러에 업혀 가는 제도를 페그제라고 한다. 페그란 말뚝을 뜻하는데 자국 통화의 가치를 달러에 일정 비율로 못 박아 고정한 것 같다고 해서 붙여진 이름으로 고정환율제라고도 한다. 홍콩, 사우디아라비아 등이 페그제를 택

---

[40] Anderson A., Dollarization: A Case Study of Ecuador, Journal of Economics and Development Studies June 2016, Vol. 4, No. 2, pp. 56-60. Luis I. Jacome H., The Late 1990s Financial Crisis in Ecuador: Institutional Weaknesses, Fiscal Rigidities, and Financial Dollarization at Work, IMF, 2004.

한 대표적 국가들이다.

홍콩은 1983년부터 1달러당 7.8HKD(홍콩 달러)에 환율을 고정했다. 이전 10년 동안은 자유변동환율제였는데, 1983년 9월 영국과 중국 간 홍콩 반환에 관한 논의가 이뤄지고 홍콩의 독립성에 대한 우려가 증폭되자 통화가치가 급락했다. 환율은 연초 1미국 달러당 6.5HKD 수준이던 것이 9.6HKD로 30% 넘게 떨어졌다.[41] 금융허브의 역할이 흔들릴 판이었다. 난국을 탈출하기 위해 달러당 7.8HKD의 페그제를 채택했다. 금융허브로서의 이점을 유지하기 위함이었다. 2005년에는 환율 변동의 범위를 7.75~7.85HKD로 확대함으로써 약간의 변동성을 허용했지만, 기본 골격은 변하지 않았다.

페그제를 하려면 통화당국이 할 일이 많다. 시장환율이 페그된 범위를 벗어나지 않도록 계속 감시하고 개입해야 한다. 예를 들어 홍콩 달러의 가치가 하락해서 7.85HKD를 벗어날 조짐이 보이면 홍콩금융관리국(HKMA)은 미국 달러를 팔고 홍콩 달러를 사들여 홍콩 달러의 가치를 높인다. 반대로 자국 통화의 가치가 높아져 7.75HKD에 근접하면 홍콩 달러를 팔고 미국 달러를 사들인

---

[41] https://www.scmp.com/yp/discover/advice/article/3093224/what-hong-kong-us-dollar-peg-and-how-does-it-work

다. 외부 충격이 매우 클 경우 기준금리를 올리고 낮춰서 환율을 유지하게 되는 것이다.

페그제를 하는 나라는 공매도에 의한 투기적 공격을 받기 쉽다. 특히 통화의 진정한 가치가 페그된 공식 환율에서 많이 벗어나 있을 경우 그 위험성이 높다. 홍콩도 환투기 공격을 당했다. 1997년 태국이 금융위기에 휩싸이자 자본유출 물결이 주변국가로 확산되어 갔다. 홍콩도 그 물결에 휩쓸렸다. 국제 핫머니 투자자인 조지 소로스(George Soros)가 홍콩 달러에 대한 공매도 공격을 시작했다. 홍콩 금융관리청은 보유 중인 미국 달러를 풀어 자국 통화를 사들이는 한편 금리인상을 단행했다. 심지어 단기채권 금리는 50%까지 올렸다.[42] 주식시장과 실물시장에 엄청난 충격이 가해졌고 1998년 경제성장률은 -5%로 추락했다. 하지만 페그제는 지켜낼 수 있었다. 페그제를 위해서는 환율을 방어하기 위한 충분한 외환보유고를 유지해야 한다.

이제 홍콩은 독립 국가가 아니라 온전한 중국의 영토가 되었으니 미국 달러 대신 중국 위안화에 페그하는 게 낫다는 의견들이 많아지고 있다. 하지만 중국 돈은 달러만큼 기축통화로서의

---

[42] https://www.frbsf.org/economic-research/publications/economic-letter/1999/november/why-attack-a-currency-board/

신뢰를 가지지 못한다. 중국 통화에 페그제를 한다면 홍콩 경제의 위상은 낮아질 수밖에 없다.

홍콩의 사례에서 볼 수 있듯이 페그제는 헤지펀드 등으로부터 투기적 공격의 대상이 될 수 있다. 경상수지 적자가 심하거나, 자국 통화를 남발해서 잠재적 가치가 낮아지면 공격이 가해질 수 있는 것이다. 방어에 성공한 홍콩과 달리 영국은 조지 소로스의 공격에 참담히 무릎꿇었다. 유로 회원국에 참여하지 못한 점에도 큰 원인이 있다. 페그제를 잘 유지하려면 경상수지를 건전하게 유지하고 자국 통화의 건전성 또한 잘 지켜내야 한다.

페그제는 하드 페그(Hard Peg)와 소프트 페그(Soft Peg)가 있다. 홍콩이나 사우디아라비아처럼 특정한 비율을 고집스럽게 지키는 것이 하드 페그이다. 반면 환율변동 폭을 넓게 허용한다거나 중국처럼 페그된 값을 때에 따라 바꿔주는 나라도 있는데, 이를 소프트 페그라고 한다.

IMF 자료에 따르면 조사 대상 187개국 중 하드 페그 48개국, 소프트페그 60개국, 자유변동환율제 79개국이다.[43] 2007년의 자료이지만 현재도 크게 달라지지 않았을 것으로 본다. 1998년 아

---

[43] Stone M., H. Anderson, and R. Veyrune, Exchange Rate Regimes: Fix or Float? IMF, 2008.

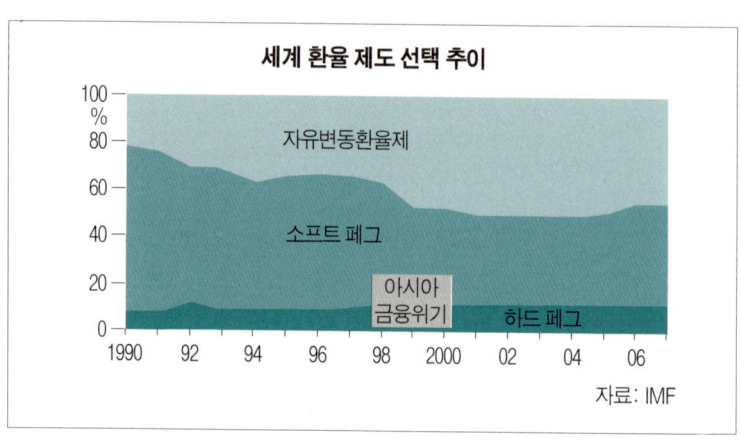

시아 외환위기 이후 자유변동환율제의 비중은 현저히 증가했다. 우리나라도 그때부터 자유변동환율제로 이행했다.

  독자적인 통화 정책으로 주권도 누리면서 통화가치의 안정성도 잘 지켜낼 수 있다면 가장 바람직하다. 하지만 대부분의 나라는 그렇지 못하다. 가장 큰 이유는 노력 없이 마구 찍어낸 돈으로 편히 살고 싶은 욕구, 즉 방탕함이다. 그러다 보면 십중팔구 하이퍼인플레이션 상태에 빠지게 된다. 의지는 있으나 지식이 없어서 실패하는 경우도 있다. 자국 통화 가치를 잘 지켜낼 자신이 없다면 자존심을 포기하고 달러를 쓰거나 또는 페그제를 택하는 것이 낫다. 우리나라는 1998년 자유변동환율제를 택했고, 다행히 큰 인플레를 겪지 않은 채 현재까지 유지해오고 있다.

기축통화의 축복과 저주

우리는 달러를 기축통화라고 부른다. 基軸通貨는 Key Currency의 일본 번역어인 것으로 추정된다. 영어권에서는 Global Currency 또는 Reserve Currency라는 용어가 주로 쓰인다. 전자는 글로벌 통화로 번역될 수 있는데 세계적으로 많이 쓰이는 통화를 가리키고, 후자는 비축용 통화 정도로 번역할 수 있다. 중앙은행들이 비상용 외환보유고의 구축에 주로 쓰이는 통화를 말한다. 그러니까 기축통화는 '세계의 많은 사람이 사용하는 통화' 정도의 의미를 갖는다고 할 수 있다.

기축통화의 기능

통화의 기능	사적 영역	공적 영역
지불 수단	결제 수단	환율 개입
계산 단위	가격 표시 단위	환율 책정 단위
가치 저장	투자 자산	외환보유고

자료: Bianca Orsi et, al., Costs and benefits of currency internationalization, 2022.

기축통화는 마음먹는다고 바로 될 수 있는 것이 아니다. 대부분의 나라가 자국 통화를 가진 상황에서 외국 돈의 보유나 거래를 억지로 시킬 수는 없다. 그 돈을 쓰는 것이 편해야 하고, 또 많은 사람이 보유하고 싶을 때에야 비로소 기축통화가 될 수 있다.

기축통화는 크게 지불수단, 계산단위, 가치저장이라는 세 가지의 기능을 한다. 그중에서 특히 중요한 것은 가치저장 기능이다. 특히 경제가 위험해져서 대다수 자산의 가치가 하락할 때 오히려 가치가 오르는 통화, 즉 안전통화가 기축통화의 가장 중요한 조건이다. BIS 국제결제은행은 세계의 4대 안전통화로 미국 달러, 유로, 일본 엔화, 스위스 프랑을 꼽았다.

세계 4대 안전통화

	미국 달러	유로	일본 엔화	스위스 프랑
거래량 순위	1	2	3	6
세계 거래량 중 비중(200 중 비중)	88	31	22	6.9
일 평균 거래 규모(억 달러)	44	16	11	2.4

주: 국제거래는 상대가 있기 때문에 전체를 100% 대신 200으로 상정한다. 미국이 88이라는 것은 88건의 거래에 쓰였다는 말이다. 그 상대방은 다른 통화를 사용했을 것이다.
자료: BIS 2016.

　안전통화 중 유독 달러가 기축통화 역할을 하는 것은 국외에서 유통되는 통화량과 국력 때문이라고 볼 수 있다. 기축통화는 전 세계인이 사용하기 때문에 유통량이 많아야 한다. 그러자면 해당 국가의 경제 규모 자체가 커야 한다. 그리고 밖으로 그 돈이 유출될 수 있도록 경상수지 적자가 많아야 한다. 지속적인 경상수지 적자를 견딜 수 있는 나라는 흔하지 않다. 미국이 그것을 감당해왔다.

　기축통화의 존재는 그것을 사용하는 많은 나라들에 편리함과 안전함을 가져다준다. 우선, 수출입이 원활해지는데 이는 무역의 확대로, 다시 국제분업을 통한 각 나라들의 생산성 향상으로 이어진다. 이 세상을 더욱 풍요롭게 만드는 윤활유 역할인 셈이다.

재산 가치를 보전하게 해주는 것도 기축통화의 큰 기능이다. 경제는 늘 출렁이게 되어 있다. 호황이 있으면 불황이 있다. 불황에서는 생산도 줄고 재산 가치도 줄어든다. 제대로 된 기축통화, 즉 안전자산의 속성을 가진 기축통화는 불황이 닥쳤을 때 사람들의 재산 가치를 지키는 데 큰 도움을 준다.

기축통화의 또 다른 기능은 다른 나라들이 자국 통화가치를 안정되게 유지하도록 압력을 가한다는 사실이다. 다른 나라 돈 가치와의 비교가 쉽지 않은 상황에서 통화정책을 하면 통화 남발의 유혹을 뿌리치기가 쉽지 않다. 기축통화가 있어서 늘 환율이 고시되고, 또 그 기축통화의 가치가 비교적 안정되어 있다면 환율의 안정을 위해서라도 통화정책의 운용에 신중을 기하게 되는 것이다.

하지만 좋은 점만 있는 것은 아니다. 기축통화 가치의 높낮이에 따라 환율이 출렁이고, 자국 경제도 흔들리게 된다. 금리에도 영향을 미쳐 원치 않는 자금경색이 나타나기도 한다. 킹달러 상황에서 많은 나라들이 현재 이 문제를 겪고 있다.

기축통화 사용국의 사정은 그렇다 해도 기축통화국 자신에게 그 기축통화는 어떤 존재일까? 어떤 이익을 주고 어떤 대가를 요구할까? 이익은 크게 두 가지다. 첫째, 세금을 거두지 않고 돈을 찍어서 쓰더라도 당장은 큰 문제가 생기지 않는다. 부채의 화폐화 현상이 바로 이것이다. 2008년 글로벌 금융위기 이후 미국 연준은 연방정부가 발행하는 국채를 대량으로 사들였다. 매입 대금은 연준이 임의로 찍어냈다고 보면 된다. 그러니까 미국 정부는 연준이 임의로 찍어낸 돈을 대량으로 가져다가 지출해오고 있으며 그 누적 액수는 무려 8조 달러에 달한다.

웬만한 나라는 이런 조짐이 보이면 통화가치가 떨어지고 국채 가격이 추락해서 위기로 빠져들기 십상이다. 최근 영국이 그랬다. 새로 취임한 트러스 총리는 경기를 살리기 위해 감세 정책을 발표했다. 그러자마자 파운드화의 가치가 추락하고 금리가 치솟았다. 채권시장은 위기 속으로 빠져들었다. 정부지출은 줄이지 않으면서 감세하겠다고 했으니 누구라도 국채 발행이 늘어날 것임을 예상할 수 있었다. 그러자 채권가격은 내려가고 금리가 상승한 것이다. 결국 영국은 감세 정책을 포기해야 했다. 즉 기축통화국이 아닌 웬만한 나라는 함부로 빚을 늘리다가 큰일을 당할 수 있다는 말이다.

하지만 미국은 돈을 찍어서 지출하고 있음에도 아직 큰일은 터지지 않고 있다. 국채의 부도 위험을 반영하는 CDS 프리미엄도 25bps 정도로 안전한 수준이다.

경제학에서는 이런 이익을 세뇨리지(Seigniorage)라고 부른다. 중세 유럽에서는 영주가 마음대로 돈을 찍어서 쓰는 경우가 있었는데, 그것을 일컫는 데서 유래한 말이다. 정확하게는 돈의 가치에서 생산비용을 뺀 값이다. 100원을 들여 만 원짜리를 찍어냈다면 세뇨리지는 9,900원이다. 모든 화폐 생산자는 세뇨리지의 이익을 누릴 수 있지만 기축통화의 생산자는 더욱 많이 누릴 수 있다. 물론 그것도 남발하다 보면 하이퍼인플레이션을 면할 수 없겠지만….

기축통화국이 누릴 수 있는 또 다른 이익은 마음에 안 드는 나라를 응징할 수 있다는 점이다. 미국은 기축통화국의 힘으로 러시아에 대해서 경제제재를 가하고 있다. 러시아의 외환보유고를 동결하고, 스위프트(SWIFT)를 통한 국제 송금을 차단할 수 있는 힘은 달러가 기축통화라는 사실에서 기인한다. 달러는 미국으로 하여금 자국의 가치에 반하는 인권 탄압국을 제재할 힘을 준다. 그렇게 해서 국제 무대에서 자국의 이익을 지키고, 전체주의가 퍼져나가는 것을 어느 정도 막아 왔다.

하지만 기축통화국이 마냥 좋기만 한 것은 아니다. 만성적 경상수지 적자라는 심각한 비용을 감수해야 한다. 이것은 지난 50년 동안 미국이 겪어온 문제다. 다음 그림은 1970년 이후 미

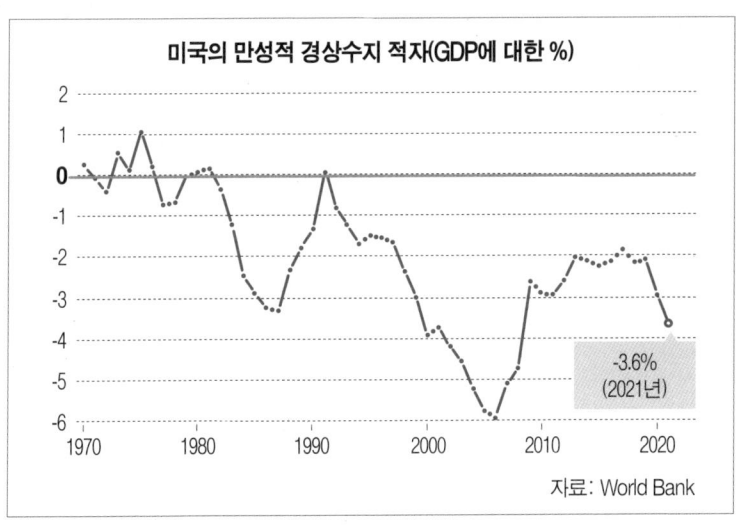

국의 경상수지를 보여준다. 대부분 기간 마이너스, 즉 적자를 벗어나지 못하고 있다. 많은 나라들이 어떻게든 흑자를 내려고 하는데 미국은 적자를 벗어날 수가 없다. 이것이 기축통화국의 운명이라고 보면 된다.

이것은 이상한 현상이다. 보통의 경우 시장의 자동 반응 때문에 적자가 오래 계속될 수 없다. 경상수지 적자는 자국 통화 가치의 하락을 초래한다. 그로 인해 자국 상품의 수출 가격은 낮아지고 수입 가격은 높아진다. 수출은 늘고 수입은 줄어서 경상수지가 균형을 향하게 된다. 그런데 미국의 경상수지는 그런 시장 법칙에서 벗어나 있다.

거래 용도가 아니라 달러 그 자체에 대한 투자 수요가 크기 때문에 벌어지는 현상이다. 달러는 안전자산이기 때문에 거래 용도뿐 아니라 투자 용도로 사들인다. 외환보유고로 쌓아 놓고, 개인이나 기업들도 달러를 비축한다. 그러다 보니 경상수지의 지속적 적자에도 불구하고 가치가 오른다. 그래서 기축통화국인 미국의 수출은 더욱 어려워지고 경상수지 적자는 더 커진다.

다른 각도에서 보면 외국인에게 달러를 공급하는 장치가 바로 경상수지 적자이다. 만약 미국이 경상수지 흑자를 지속한다고 가정해보자. 미국의 수출이 수입보다 더 많아질 테니 달러는 미국 상품 매입 대금의 형태로 미국으로 회귀하게 되고 미국 밖에서는 달러 감소 현상을 맞게 된다. 기축통화국이 되려는 나라는 지속적 경상수지 적자를 감수할 의지가 있어야 한다.

문제는 국내 산업을 키우기가 매우 힘들다는 데 있다. 다른 나라들의 입장에서는 미국으로의 수출이 쉬운 만큼 산업을 육성하기가 쉬워진다. 특히 수출에 유리한 제조업이 그러하다. 기축통화국은 그런 산업은 포기할 수밖에 없는 상황이 된다. 외국이 수출할 수 없는 산업을 키워야 하므로 그 범위가 상당히 제한적이다. 보통 서비스업이 여기에 해당하는데 그것만으로 경제를 지탱하는 것은 쉽지 않다. 아무나 기축통화국이 될 수 없는 이유가 거기에 있다. 일본, 중국, 독일 모두 경제 강국이지만 경상수지 흑자 내는 것을 좋아하는데, 그런 상태에서는 기축통화국은 될 수 없다. 그래도 미국은 용케 그 역할을 수십 년간 이어오고 있다.

  만약 미국 달러가 기축통화로서의 지위를 잃어버린다면 어떻게 될까? 예를 들어 중국 위안화가 달러 대신 기축통화가 되는 경우다. 그러면 미국 달러의 가치는 떨어지고 위안화의 가치는 오를 것이다. 미국은 수출이 증가하고 차츰 제조업도 생기게 된다. 그리고 수입은 줄어서 경상수지 적자는 대폭 축소될 것이다. 반면 계속 흑자를 내던 중국은 수출이 줄고 수입은 늘어서 경상수지 적자 문제를 겪게 될 것이다. 수출 산업은 판로를 잃고 위축되며, 서비스 산업으로 경제를 유지할 수 있느냐에 따라 기축통화국의 지위를 유지할 수 있을지가 결정된다. 중국이 과연 이런 상태를 원할까? 기축통화국 역할을 하기는 쉬운 일이 아니다.

제3장

킹달러의 사령탑, 연방준비제도이사회

달러의 사령탑, 연방준비제도이사회

달러의 공급을 총괄하는 주체는 미국의 '연방준비제도이사회', 줄여서 '연준'이라고 부르는 곳이다. Federal Reserve Board를 번역한 단어인데, '준비'라고 번역된 Reserve의 정확한 뜻은 지급준비금이다. 시중은행들이 예금으로 받은 돈 중에서 대출해서는 안 되는 최소의 금액을 말한다. 예치된 돈을 모두 대출한다면 갑작스러운 대규모 인출 요구가 있을 경우 지급불능 상태가 될 수 있다. 그러다 대규모 금융공황으로 이어질 수 있다.

이런 사태를 막기 위해 예치금의 일정비율을 의무적으로 중앙은행에 예치하도록 하는 제도가 생겼는데, 바로 Reserve, 즉 지급준비금이다. 연준은 그것을 관리하는 기관으로 태어났다. 그러니까 연준의 정확한 이름은 연방준비금제도이사회로 하는 것이 더 낫다고 생각한다. 하지만 다들 그러듯 필자도 연준, 연방준비제도이사회라는 이름을 그대로 사용하겠다.

연준은 이처럼 지급준비금 때문에 생긴 은행이지만 이제는 기준금리, 양적완화 등 통화 정책에 관한 거의 모든 수단들을 다룬다. 또 시중은행들의 업무 전반에 관한 감독 업무도 수행한다. 연준의 통화정책 도구는 기준금리, 지급준비율, 공개적 시장 개입이다. 앞의 두 가지는 연준이사회 소관이고, 세 번째는 연방공개시장위원회 소관이다.[44]

우리가 흔히 연준이사회라고 부르는 조직은 Board of Governors이다. Governor는 이사라기보다는 총재에 더 가깝다. 총재단 정도로 보면 될 듯하다. 이 위원회의 수장이 연준의장이고 현재는 제롬 파월(Jerome Powell)이 맡고 있다.

뉴스에 FOMC라는 이름으로 자주 등장하는 연방공개시장위원회는 1935년 탄생했다. 각 지역 준비은행들은 저마다의 기준금리를 책정하고 있었는데 금융시장이 차츰 통합되면서 조정의 필요성이 높아졌다. FOMC는 그런 필요 때문에 탄생했다. 연준

---

[44] https://www.federalreserve.gov/monetarypolicy/fomc.htm

이사회 멤버 전원과 지역 연방 은행장 등 12인으로 구성된다. 연간 8회 정기회를 하며 통화정책 전반에 관한 의견들이 오간다. 따라서 이 회의에서 어떤 말들이 오갔는지는 전 세계 통화 당국과 투자자들에게 초미의 관심사가 되어 있다.

여기서 연준의 조직에 대한 설명이 필요할 것 같다. 대부분 나라의 중앙은행이 단일조직인 데 반해 미국의 연준은 여러 독립조직들의 연합체로 구성되어 있다. 미국 전역에 걸쳐 12개의 연방준비은행들이 활동하고 있으며 워싱턴 DC 소재의 연준은 이들을 통합하고 감독하는 역할을 한다. 미국의 중앙은행이 이렇게 여러 지역 준비은행의 연합체처럼 된 이유는 연준이 탄생하던 20세기 초만 해도 미국 국민들이 뉴욕을 중심으로 하는 금융업자들의 횡포를 우려했기 때문이다. 그래서 지역마다 독립된 준비은행을 두고, 연방의 문제는 협의를 통해 해결하게 한 것이다. 미국인들이 연방정부를 얼마나 경계했는지 알 수 있게 해주는 대목이다. 그런데 대공황 이후 연방정부의 힘이 강해졌고, 각 지역의 준비은행들은 연방준비제도이사회의 하부 기관처럼 되어 버렸다.

1913년 탄생한 연준은 그 과정에 치열한 논란이 있었다. 19세기 내내 미국은 자유 은행 시대라고 불릴 정도로 금융에 대한 규제가 거의 없었다. 은행마다 나름의 돈을 만들어 유통하기도 했

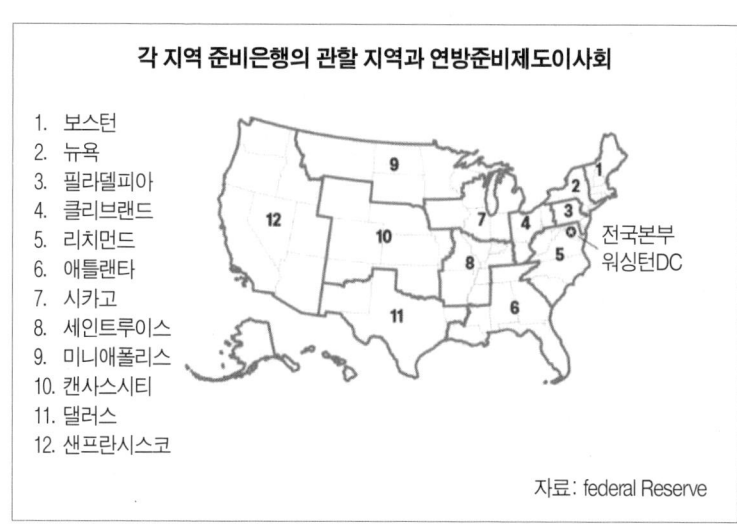

다. 중앙은행이 없다 보니 수시로 망하는 은행들이 생겨났고, 뱅크런(Bank Run)도 자주 찾아왔다. 예금자들이 갑자기 몰려들어 예금을 인출하려다 보면 은행이 내줄 돈이 없어 문을 닫게 되는데, 이를 뱅크런이라고 한다.

1907년에도 대규모 뱅크런이 발생해서 은행들이 도산하고 예금자들은 빈털터리가 됐다. 해결자를 자임하고 나선 사람이 당시 최대 은행가였던 제이피 모건(J. P. Morgan)이었다. 그와 다른 은행가들 돈을 동원해서 어렵사리 사태가 수습되었는데 이 일을 겪으면서 미국인들은 중앙은행의 필요성을 인정하게 되었다. 미국인들이 중앙은행을 두지 않은 이유는 중앙은행이 맡게 되는 최종

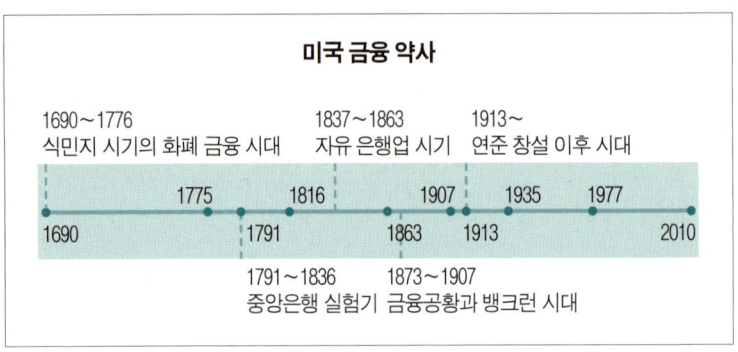

대부자(Lender of the Last resort) 기능이 금융업자들 배만 불릴 거라는 인식 때문이었다. 하지만 1907년의 사태를 겪으면서 중앙은행이 없더라도 문제가 터질 경우 결국 민간 은행가들에 의해서 해결된다는 사실을 깨닫게 되었다. 그보다는 차라리 정부 주도의 최종대부자 기능이 낫겠다는 데 상당한 합의가 이뤄졌다. 오랜 논란을 거쳐 1913년 연방준비제도가 탄생했다.

민간은행이 파산했을 때 뒤처리를 하거나 파산을 예방하는 것이 연준의 존재 이유였기 때문에 지급준비율 책정이 가장 중요한 책임이자 권한이었다. 민간은행이 유치한 예금 중 대출하지 않고 현금으로 준비해둬야 하는 게 지급준비금인데, 연준은 그 비율을 책정하고 조절했다. 은행의 파산 방지가 목적이었다. 그러나 현재는 그것보다 훨씬 중요한 과제가 주어졌다. 기준금리 책정을 통해서 인플레와 고용 수준을 조절하는 일이다. 심지어 돈을 찍어서 시중의 국채와 민간 금융상품을 사들이는 데까지 업무가 확대되었다. 그리고 연준의장은 세계경제의 움직임에 가장 큰 영향력을 가진 사람이 되었다.

여기서 잠깐 세계 중앙은행의 역사를 살펴보자. 중앙은행이 처음 생긴 나라는 17세기 스웨덴이지만, 강력한 금융기관으로 자리매김한 것은 영국에서부터이다. Bank of England가 영국의 중앙은행인데 우리는 흔히 영란은행이라고 부른다. England를 한 자음으로 표기한 것 같은데, 그 출처가 중국 아니면 일본일 것 같다. 한국식으로 했다면 잉글랜드 은행이 되었을 것이다. 사실 영국이라는 국명도 잉글랜드를 중국식 발음 '잉구어'로 표기한 것이다. 그 영란은행을 모델로 한 중앙은행들이 세계 곳곳으로 퍼져 나갔다. 일본은행이 1883년에 생겼으니, 1913년의 미국 연준은 매우 늦은 편이다. 대한제국도 1909년 한국은행을 설립했는데 말이다.

중앙은행들은 원래 왕의 은행으로 출발했고, 오랫동안 계속 통치자의 돈 관리를 담당했다. 특히 전쟁 시 군비 조달이 중앙은행의 큰 역할이었다. 미국 연준은 최소한 형식적으로는 민간 기관이었는데, 대통령들이 돈을 풀라며, 연준의장들에게 압박을 가하곤 했다.

중앙은행들이 지금처럼 독립된 통화정책 기관으로 그 위상이 높아진 데는 노벨 경제학상 수상자인 밀턴 프리드먼(Milton Friedman)의 역할이 컸다. 그는 인플레와 공황이 반복되는 이유가 중앙은행이 통화관리를 못 하기 때문이라는 주장을 강력히 폈다. GDP 등 경제 규모에 따라 통화량을 일정 비율로 유지해야 한다는 소위 통화주의 이론이 힘을 얻게 되었다. 1979년 연준의 장이 된 폴 볼커(Paul Adolph Volcker)가 그 이론에 따라 강력하게 돈줄을 조였고, 물가가 잡혔다. 대통령이 된 로널드 레이건(Ronald Wilson Reagan)도 그의 이론을 받아들여 연준에 최대한 독립성을 부여했다.

연준의 독립성은 세계로 퍼져나갔다. 1989년에는 뉴질랜드가 중앙은행의 독립성을 보장하는 개혁을 했고, 영국과 일본도 뒤를 이었다. 1990년대 창설된 유럽중앙은행(ECB)은 독일 분데스방크를 본떠 처음부터 독립성을 보장받았다.[45] 그 후 세계 대부분의 나라에서 중앙은행은 독립성을 인정받기에 이르렀다. 중국, 러시

---

[45] The history of central banks. Contemporary criticisms of central banks echo debates from times past. Economist 2017.04.27.
https://www.economist.com/briefing/2017/04/27/the-history-of-central-banks

아, 튀르키예 등 중앙은행이 최고 권력자의 시녀에 불과한 나라도 있긴 하지만 대다수의 나라들은 독립성을 보장받는다. 우리나라도 한국은행 총재는 대통령과 의회로부터 상당히 독립되어 있다. 그러다 보니 중앙은행의 수장도 상당한 영향력을 행사한다. 특히 미국 연준의장은 세계 전체에 영향력을 행사하고 있다.

1980년대의 폴 볼커, 1990년대의 앨런 그린스펀(Alan Greenspan), 2000년대의 벤 버냉키(Ben Bernanke) 등 지난 40여 년 동안 역대 연준의장들은 미국 및 세계경제의 향방을 좌우해왔다. 하지만 도널드 트럼프 대통령은 연준의 독립성을 못마땅히 여겼다. 그는 별로 흠잡을 데 없이 역할을 수행해 오던 재닛 옐런(Janet Yellen) 의장을 바꿔 버렸다. 물론 임기 중 해고한 것은 아니지만 전임 의장들은 모두 연임했는데 트럼프 대통령은 첫 번째 임기가 끝난 옐런을 재임용하지 않고 내쳤다. 대신 그자리엔 크게 두각을 나타내지 않던 제롬 파월을 신임 의장으로 임명했다. 그는 옐런이 일은 잘하지만, 키가 너무 작은 것이 문제라고 했다. 이해하기 힘든 인사였다.

트럼프는 자기가 임명한 파월도 마음에 안 들어 해임시키겠다고 으름장을 놓곤 했다. 일본이나 유럽처럼 제로 금리로 내리지 못하는 이유가 뭐냐며 다그쳤다. 그는 선진국 지도자치고는 매우 드물게 중앙은행의 독립성을 못마땅히 여겼다. 조 바이든(Joe Biden)이 새 대통령이 되고 난 후 연준은 다시 독립성을 인정받고 있는 듯하다.

연준의 지상 과제:
인플레 2%, 실업률 4~5%

1977년 제정된 미국 연방준비제도이사회 개혁법은 "maximum employment, stable prices, and moderate long-term interest rates"를 목표로 하라고 규정했다.[46] 우리말로 하면 완전 고용, 물가 안정, 장기이자율 안정이다. 이중 장기이자율은 판단하기 어렵기 때문에 사실상 물가 안정과 완전 고용이 미국 연준의 법적인 책무가 되었다. 그것을 달성하기 위해 연준은 돈줄을 풀고 조인다.

물가상승률이 높아지면 돈줄을 조이고 실업률이 높아지면 돈을 푼다. 그런데 물가와 실업률은 서로 반대 방향으로 움직이는 성향

---

[46] https://www.investopedia.com/articles/investing/100715/breaking-down-federal-reserves-dual-mandate.asp

이 있다. 즉 기준금리를 높여 돈줄을 조이면 물가상승률을 낮출 수 있지만 경기가 안 좋아져서 실업이 증가한다. 반대로 기준금리를 낮춰 돈을 많이 풀면 고용은 좋아지지만 물가가 오르기 쉽다. 기준금리를 낮출지, 높일지 판단하기가 쉽지 않은 이유다.

2012년부터 연준은 소비자물가상승률 2%라는 숫자를 기준으로 판단하기 시작했다(정확히는 개인소비지출 가격지수). 2% 이상이면 기준금리를 올리고, 2% 미만이면 기준금리를 낮춘다. 왜 2%의 인플레를 기준으로 할까?

물가상승률, 즉 인플레가 심해지면 소득이 고정된 사람들은 구매력이 줄어든다. 말하자면 국민의 실질소득이 줄어든다는 말이다. 게다가 앞날이 어떻게 될지 모르니 미래에 대한 계획을 세우기도 어려워진다. 이것은 생활 수준을 떨어뜨리고, 경기 침체의 원인이 될 수 있다.

게다가 물가상승률이 어느 수준 이상을 넘으면 일반 대중들이 고통을 느끼게 되어, 정부에 해결을 촉구하라는 여론이 형성되기 마련이다. 국제결제은행(BIS: Bank for International Settlements)의 연구에 따르면 그 임계치가 5% 정도라고 한다.[47]

---

[47] https://www.bis.org/publ/arpdf/ar2022e2.htm

아무리 중앙은행이 독립성을 보장받는다 해도 그런 여론마저 무시할 수는 없다.

국제 여론조사 기관인 입소스(Ipsos)의 조사도 BIS의 연구와 같은 결과를 보여준다. 2020년 9월부터 매 3개월마다 전 세계 29개국 16~74세인 19,524명을 대상으로, 주된 관심사항이 무엇인지 알아보았다.[48] 놀랍게도 G20 국가의 인플레이션 평균이 5%를 넘어선 2021년 9월부터 인플레에 대한 관심도가 급격히 높아져서 2022년 9월에는 응답자 40%의 관심사로 등장했다. 가난이나 범죄, 실업 등을 앞질러 가장 큰 관심사가 되었다.

인플레 퇴치를 받아들인다 해도 왜 0%가 아니라 2%일까? 그것은 경기 진작의 필요성 때문이다. 디플레 상황, 즉 물가상승률이 마이너스인 상황에서 소비자들은 소비를 뒤로 미루는 경향이 있다. 앞으로 값이 더 떨어질 것을 기대하기 때문이다. 그 결과 소비는 줄고 경기가 위축되어 실업이 늘어난다. 일본이 상당 기간 이런 상태를 유지해왔고 미국이나 유럽 역시 한동안 그랬다. 또 물가상승률이 낮으면 금리도 낮기 때문에 경제에 문제가 발생했을 때 중앙은행이 경기 진작을 위해 금리를 더 낮출 여지도 거

---

[48] https://www.ipsos.com/en/what-worries-world-september-2022

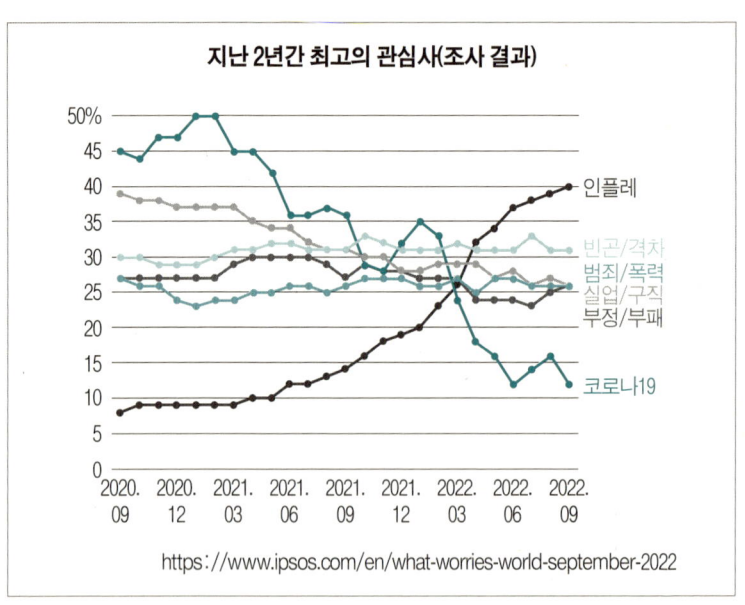

의 없어진다. 그래서 물가가 어느 정도 올라야 경기도 살아 있고, 고용 상황도 유지된다는 경험칙을 받아들이게 되었고, 이런 계산으로 인플레 목표치가 0%가 아닌 2%가 된 것이다.

인플레 2% 목표는 1990년 뉴질랜드 중앙은행에서부터 시작되었는데, 성과가 괜찮다고 판단되어 다른 나라들로 퍼져 나갔다. 미국은 1996년부터 암묵적으로 2%를 지켜오다가 2012년 버냉키 의장 시절 공식적 채택을 선언했다. 지금은 대부분 선진국의 중앙은행들이 채택하고 있다.

한편 법이 연준에 부여한 또 다른 과제, maximum employment

가 무엇인지에 대해서는 인플레 목표처럼 구체적 수치가 제시되어 있는 것은 아니다. 2021년 2월 23일 연방상원 청문회에서 했던 파월 의장의 발언에 그 모호한 상황이 잘 드러나 있다.[49]

사이네마 상원의원의 질문: FOMC 의사록에는 장기실업률 예측치가 3.9~4.3%로 나와 있는데요. 그러면 실업률이 4.3% 이하로 떨어져야 최대 고용 상태가 달성된 것이라는 뜻인가요?

파월 의장의 답변: 그렇습니다. 사실 그 이상을 뜻하기도 합니다. 연준이 말하는 최대 고용은 단순히 실업률로만 판단하지 않습니다. 오히려 고용률이 더 중요합니다. 노동시장 참가 정도를 봐야 하니까요. 임금 수준도 판단에 들어갑니다. 최대 고용인지의 여부는 수많은 지표를 복합적으로 보고 판단합니다.

연준은 최대 고용에 대해 구체적 수치를 제시하지는 않았다. 하지만 경제학자들은 실업률 4~5%가 거기에 해당될 것으로 추

---

[49] https://www.rev.com/blog/transcripts/fed-chair-jerome-powell-testimony-on-economic-recovery-transcript-february-23

측한다.[50] 완전고용 상태에서의 자연 실업률이 그 정도로 추정되기 때문이다.

그러니까 미국 연준에 인플레율 2%, 실업률 4~5%는 반드시 달성해야 할 지상 과제인 셈이다. 2021년 3월 소비자물가상승률은 2%를 넘어 2.6%가 된 후, 계속 상승해서 2022년 6월에는 9.1%가 되었다. 11월에는 조금 낮아졌지만 여전히 7.7%에 달한다.[51] 연준이 달성해야 하는 2%를 초과해도 한참 초과한 셈이다. 게다가 실업률은 11월 기준 3.7%이다. 4~5%보다 낮기 때문에 완전고용으로 봐야 한다.

경기는 완전고용 상황인데 물가상승률은 2%를 훨씬 넘었다, 그러면 연준의 답은 분명하다. 돈줄을 조이는 것이다. 그래서 금리도 올리고 양적완화로 풀린 돈도 거둬들이게 된 것이다. 그렇게 긴축을 시작한 지 몇 달이 되어도 물가는 여전히 잡히지 않아 고삐를 놓을 수 없었다.

블룸버그 통신(11월 18일)은 월스트리트의 투자 기관들을 대

---

[50] J. McBride, A. Siripurapu, and N. Berman, What Is the U.S. Federal Reserve? 2022.11.08, center for Foreign Relations, https://www.cfr.org/backgrounder/what-us-federal-reserve
[51] https://ycharts.com/indicators/us_inflation_rate

월스트리트 투자 기관들의 연준 기준금리 예상치

	최고치	2023년 말
노무라홀딩스	5.75%	5.00%
시티	5.50%	5.50%
골드만삭스	5.25%	5.25%
웰스파고	5.25%	5.25%
BOA	5.25%	5.00%
바클레이	5.25%	4.50%
제이피모건	5.00%	5.00%
블룸버그	5.00%	5.00%
도이치은행	5.00%	4.00%
UBS	5.00%	3.25%
모건스탠리	4.75%	4.50%

자료: Bloomberg

상으로 조사한 연준의 최고 금리 예상치를 보도했다. 노무라 홀딩스는 5.75%를 정점으로 하락해서 2023년 말에는 5%가 될 것으로 내다봤다. 시티는 5.5%, 골드만삭스는 5.25%가 각각 연말까지 유지될 것으로 전망하고 있다.[52] 2022년 12월 19일 기준 연준의 기준금리는 4.25~4.50%이므로 아직 더 오를 것이며, 그 상

---

[52] https://www.bloomberg.com/news/articles/2022-11-18/wall-street-economists-split-on-whether-fed-cuts-rates-in-2023?sref=9fHdl3GV

태가 1년은 더 갈 것이라고 투자자들은 예상을 하고 있다.

미국은 1980년대 금리인상으로 물가를 잡는 데 성공한 경험이 있다. 1973년 국제유가가 급등한 여파로 미국 물가상승률이 10% 위로 치솟았다. 연준은 5%이던 기준금리를 10%로 올렸지만 물가는 잡히지 않았다. 1979년 새로 연준의장이 된 폴 볼커는 기준금리를 10%에서 무려 22%까지 올렸다.[53] 상상 초월의 금리에 맞닥뜨리자 물가는 빠른 시간에 진정되었다.[54] 그렇게 만들어진 물가 안정이 1980년대 후반 이후 미국 경제 부활의 밑거름으로 작용했다는 평가들이 많다.

만약 현재의 파월 의장도 그 뒤를 따른다면 금리는 더욱 많이 올라야 할 것이고, 다른 나라 통화에 대한 미 달러 환율 역시 더 많이 오르게 될 것이다. 과연 그렇게 할지 두고 볼 일이지만 중요한 것은 미국 물가가 잡힐 것인지의 여부다. 그것이 법이 부여한 연준의 지상 과제이기 때문이다.

인플레가 잡히는 기간에 대해서 Bank of America 연구진은 흥

---

[53] https://graphics.reuters.com/USA-FED/HIKES/mopandgebva/
[54] https://blog.moneyfarm.com/de/wp-content/uploads/2019/12/Screenshot-2019-12-10-at-13.55.02.png

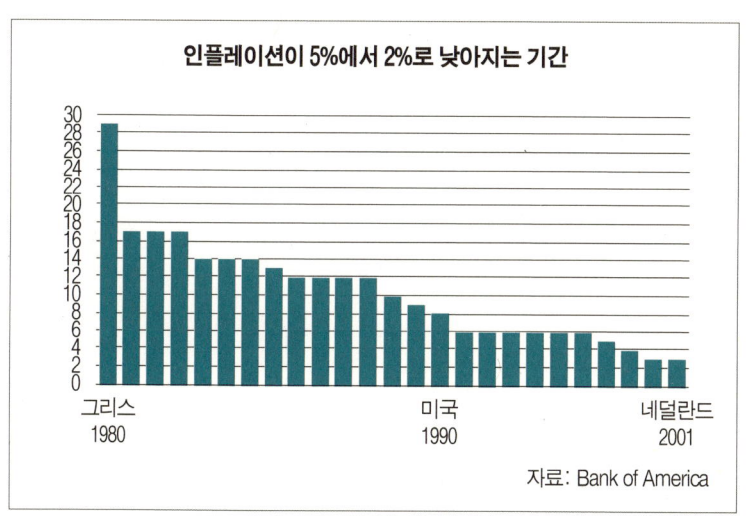

미로운 리포트를 내놓았다.[55] 1980년부터 2000년까지 5% 이상 물가상승을 경험한 선진국들에서 그 숫자가 2% 밑으로 내려오는 데 걸린 기간을 조사했다. 네덜란드가 3년으로 최단기간이고, 그리스는 29년, 미국은 8년이 걸렸다. 평균 10년이다.[56] 긴축을 세게 하고, 국민이 내핍 생활을 잘 견디는 나라일수록 인플레가 금방 극복된다고 보면 될 것 같다. 이번에는 미국인들이 또 세계인들이 긴축의 고통을 얼마나 잘 참아낼지 두고 볼 일이다.

---

[55] https://business.bofa.com/en-us/content/market-strategies-insights/weekly-market-recap-report.html
[56] https://business.bofa.com/en-us/content/market-strategies-insights/weekly-market-recap-report.html

연준의 도구:
지준율, 금리, 공개시장 개입, 양적완화

　물가상승률 2%와 최대 고용 상태라는 과제의 달성을 위해 연준에게 주어진 수단은 지급준비율, 기준금리, 공개시장 조작이다. 2008년 글로벌 금융위기 이후에는 양적 완화라는 수단도 등장했다.

　지급준비율은 시중은행이 유치한 예금 중 대출을 해서는 안 되는 돈의 비율이다. 이 돈은 해당 은행 금고에 현금으로 보관할 수도 있고, 연준에 예치해 놓을 수도 있다. 코로나19 이전의 경우 이 비율은 예치금의 규모에 따라 달랐다. 1,630만 달러 미만의 경우 0%, 1.2억 달러까지는 3%, 그 이상은 10%가 적용되었다. 코로나19 상황을 맞으면서 연준은 그 비율을 모두 0%로 낮췄다.[57] 지급준비금을 없애버린 것이다. 당분간 미국의 시중은행들은 예금으로 받은 금액을 전액 대출해줘도 괜찮다. 시중의 유동성을 늘리기 위한 연준의 고육지책이다.

또 다른 정책 수단은 기준금리(Federal Fund Rate)로 은행들이 연준에 예치해둔 돈은 단기로 다른 은행들에 빌려줄 수 있는데 그때 적용되는 금리를 말한다. 금리를 낮추면 더 많은 돈이 대출로 나가서 은행들의 대출도 늘게 된다. 시중 자금 사정이 좋아짐을 뜻한다. 물가상승률이 2%보다 많이 낮을 때, 특히 디플레 상황, 마이너스 물가상승률 상황에서 적용한다. 금융경색 상황에서는 더욱 공격적으로 기준금리를 낮춘다. 반면 물가상승률이 2%를 초과하면 기준금리를 높여 시중에 유통되는 자금을 연준으로 흡수한다. 2022년 연준이 금리인상에 칼을 뽑아든 이유는 미국의 인플레율, 소비자물가상승률이 7~9%로 높아졌기 때문이다.

그림에서 실선은 기준금리, 점선은 물가상승률을 나타낸다.[58] 점선이 올라갈 때 실선도 같이 올라가는 것을 볼 수 있다. 특히

---

57 https://www.investopedia.com/terms/r/reserveratio.asp
58 https://farmdocdaily.illinois.edu/2022/10/update-on-us-interest-rates-and-inflation.html

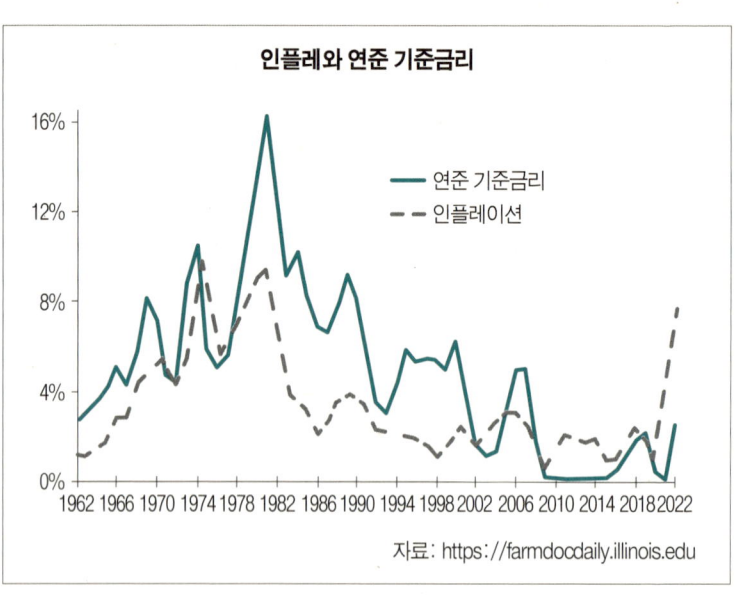

1970년부터 1980년대 말까지 20년 동안은 기준금리 인상 폭이 물가상승률을 초과했다. 여기에 비하면 2022년 이후의 금리인상 폭은 물가상승률에 비해 오히려 작은 편이라고 할 수 있다.

여기서 주목할 것은 기준금리가 강제되는 것이 아니라 연준이 다른 정책 수단을 동원해서 결과적으로 그렇게 되도록 유도하는 목표치라는 사실이다. 기준금리 목표 달성에 사용되는 도구는 다음과 같다. 첫째, 준비금에 대한 이자(IORB: Interest Rate on Reserve Balance), 둘째, 1일물 역환매조건부약정(ON RRP:

Overnight reverse repurchase agreement) 거래이다.[59] IORB를 높이면 시중은행이 연준에 많은 돈을 맡겨서 은행들의 대출자금이 줄어들고 그들이 책정하는 금리 또한 높아진다. IORB를 낮추면 그 반대 현상이 나타난다. 그렇게 해서 은행 간 대출금리가 목표치에 도달하도록 한다. 부수적으로 동원되는 ON RRP도 연준이 시중은행에 적용하는 금리를 올리고 내려 은행 간 대출금리에 영향을 미치게 된다.

금리 조절의 과정이 이렇게 복잡하지만 큰 그림을 보면 연준이 시중은행들에 적용하는 금리를 올리고 내려 시중은행의 소비자에 대한 대출자금을 늘리기도 하고, 줄이기도 한다는 점은 분명하다. 그래서 앞으로는 기준금리에 따라 시중은행들이 연준에 돈을 맡기거나 대출받아 시중은행의 자금 사정이 조절되고 결국 시장금리도 영향을 받는다는 식으로 설명을 이어 나가고자 한다.

연준은 국채 등 유가증권을 공개시장에서 사거나 팔아서 시중금리에 영향을 주기도 한다. 금리를 낮추고자 한다면 유가증권을 매입한다. 매입대금만큼 자금이 연준에서 시중으로 나가기 때문에 시중 유동성이 풍부해진다. 반대로 유가증권을 매각하

---

[59] https://fredblog.stlouisfed.org/2021/02/visualizing-the-feds-new-monetary-policy-tools/

면 시중의 돈이 연준으로 들어오기 때문에 시중 유동성이 감소하고 금리는 높아진다. 이런 방법을 공개시장 조작(Open Market Operation)이라고 부른다.

공개시장에서 한다는 것은 다른 민간 참가자들과 똑같은 자격으로 공개된 거래에 참여한다는 말이다. 그 반대 개념인 폐쇄시장(Closed Market)이란 거래 당사자들만 참가하는 거래를 말한다.[60] 연준의 유가증권 거래는 공개시장을 원칙으로 한다. Operation을 조작이라 한 것은 일본 번역어를 그대로 가져왔기 때문으로 보인다. 우리말로는 오히려 '공개시장 개입' 정도가 더 정확한 용어일 것 같다. 위에서 언급했던 ON RRP도 이 범주에 속한다.

연준은 금리로 목표 달성이 어렵다고 판단할 경우, 공개시장 개입 정도를 넘어 대규모로 유가증권을 매입하기도 한다. 금리가 0%에 근접한 상황에서 침체가 발생하면 금리인하로 대응하는 게 곤란해진다. 글로벌 금융위기 이후인 2009년부터 2016년까지, 그리고 2020년 코로나19가 터진 후 2년 동안이 그랬다. 기준금리가 0.25%였으니 더 내리면 마이너스 금리가 된다. 시중은

---

[60] https://www.investopedia.com/ask/answers/06/insidertrading.asp

> **참고자료: 일본은행의 양적완화와 질적완화**
>
> 일본의 중앙은행인 일본은행(일은)은 2000년대 초반부터 금융완화 정책을 양적(量的) 금융완화와 질적(質的) 금융완화로 구분해서 실시했다.
>
> 양적 금융완화는 일은이 개입해서 '돈의 양'을 늘리는 것이다. 시중은행은 일은에 '일은 당좌예금' 계좌를 보유하는데, 일은이 시중은행 보유의 국채를 매입하는 정책을 펴면 '일은 당좌예금'의 잔고가 늘어난다. 금융기관은 늘어난 자금으로 기업이나 개인에게 더 많은 대출을 해줄 수 있다. 이것을 양적 금융완화라고 한다.
>
> 질적 금융완화는 일은이 보유한 국채의 보유 기간을 연장하거나 또는 국채 이외의 것도 매입하는 소위 '질적' 수단으로 시중 유동자금을 늘리는 정책이다.
>
> 자료: https://www.all-senmonka.jp/moneyizm/10985/

행의 입장에서 연준에 돈을 맡기면 오히려 수수료를 내야 하는 상황이 되는 것이다. 일본은행, 유럽중앙은행처럼 마이너스 금리를 택한 경우도 있지만, 미국은 그렇게까진 하지 않았다. 그 대신 양적완화로 돌입했다. 영어로는 Quantitative Easing(QE)인데, 중앙은행이 공개시장에서 국채를 비롯한 유가증권들을 대규모로 사들이는 정책이다. 쉽게 말하면 중앙은행이 돈을 찍어서 정부와 기업들에게 마구 빌려준다는 말이다. 1990년대 말부터 일본은행

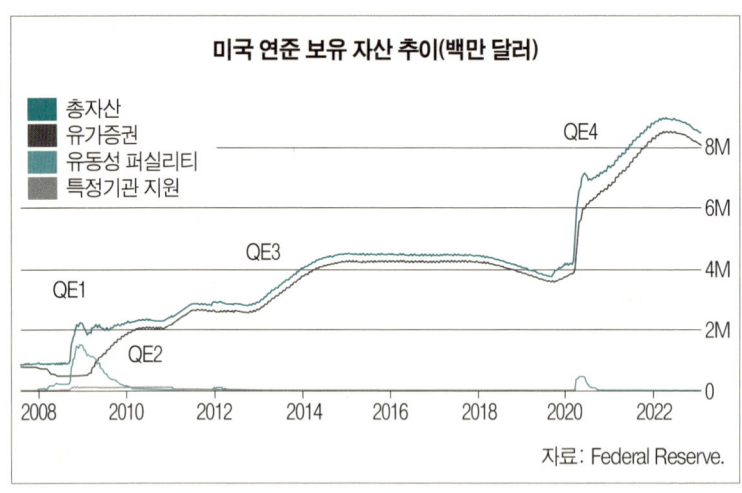

이 써오던 정책인데 2008년 리먼 브라더스 사태로 금융공황이 찾아오자 미국 연준도 일본의 뒤를 따랐다. 그러니까 QE는 일본어 '量的金融緩和'의 영어 번역어인 셈이다.

연준은 크게 4번의 양적완화 정책을 폈다.[61] 각각을 QE1, QE2, QE3, QE4라고 부르는데 QE1은 2008년 금융위기 당시이고 QE4는 2020년 코로나19 사태가 터진 직후이다. 시중의 유가증권을 사들인 결과 연준 보유 자산은 급증했다. 그래프는 연준의 자산 보유 상황을 보여준다. 검은색이 유가증권보유액인데 각

---

[61] https://www.federalreserve.gov/monetarypolicy/bst_recenttrends.htm

각의 양적완화가 있을 때마다 급격히 증가해서 2022년 9월 9조 달러로 최고치에 달했다. 10월부터는 그래프가 약간 아래를 향하고 있는데 한 달에 1천억 달러 정도씩 축소됨을 나타낸다. 더 이상 추가매입을 하지 않는 상황에서, 채권의 만기가 돌아오기 때문에 나타나는 현상이다. 이렇게 채권보유량을 줄이는 정책을 양적긴축(Quantitative Tightening)이라고 한다. 연준은 지금 기준금리 인상과 더불어 양적긴축을 통해 시중 유동성을 줄이는 중이다. 이것은 인플레를 잡기 위함이다.

경제학자들 중에는 연준이 위기 수습을 핑계로 지나치게 통화를 남발해서 경제를 금융위기의 악순환으로 몰아 넣는다고 주장하는 사람들도 많다.[62] 필자도 같은 의견이다. 이런 맥락 속에서 스탠퍼드 대학의 존 테일러 교수는 중앙은행이 따라야 할 새로운 기준금리 설정 공식을 제안했다. 이 공식에 따르면 물가상승률이 1% 높아질 때마다 기준금리는 1% 이상을 높이는 것이 맞다. 미국의 2022년 11월 소비자물가상승률이 7.1%이니 기준금리는 최소 8.1%는 돼야 한다는 말이다.

---

[62] 미국경제연구소 American Institute of Economic Research의 통화건전성 연구사업 Sound Money Project가 대표적이다. 그들은 연준이 완전고용 같은 것은 잊고, 물가 안정에만 집중해야 한다고 주장한다. https://www.aier.org/article/the-fed-needs-a-single-mandate/

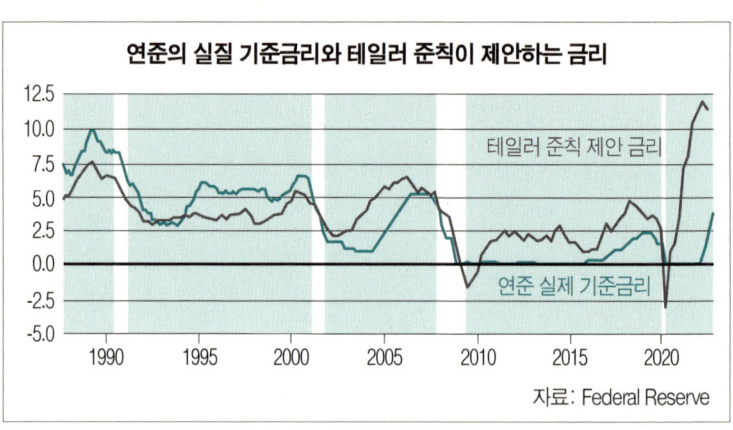

이 그래프는 1990년대 이후 연준의 실제 기준금리와 테일러 준칙이 제시하는 금리를 비교한 결과이다.[63] 청록색 선은 실제 연준금리, 회색 선은 테일러 금리인데, 2000년까지는 실제 금리가 더 높이 유지되다가 그 이후는 실제 금리가 테일러 금리보다 눈에 띄게 낮아지는 것을 볼 수 있다. 이것은 돈이 매우 방만하게 풀리고 있다는 뜻이다. 특히 2010년 이후가 그렇다. 2020년 코로나19 사태 이후 그 격차는 매우 크게 벌어진다. 그래프에서의 마지막 시점인 2022년 11월 실제 금리는 3.8%인 반면 테일러 준칙의 제안치는 11.4%이다. 무려 7.6%의 차이다. 돈을 조이고 있기

---

63 https://fredblog.stlouisfed.org/2014/04/the-taylor-rule/

> **참고자료: 테일러 준칙**
>
> 중앙은행이 기준금리를 정하는 데 쓰라고, 1993년 스탠퍼드 대학의 존 B. 테일러 교수가 제안한 공식이다. 기존 연준이 인플레이션과 실업률(또는 고용률)을 고려해서 금리를 정하는 데 반해 테일러 준칙은 고용률 대신 산출량, 즉 GDP 같은 숫자를 사용한다. 중요한 것은 절반적 경제 상황이지 실업률이 아니라는 취지이다.
>
> 테일러 준칙을 단순하게 표현하면 아래와 같다. 여기에 따르면 인플레이션이 1% 올랐을 때 명목이자율은 1% 이상 올려야 한다. 미국의 인플레이션율이 8%를 넘었으니 기준금리는 9% 이상이 되어야 한다는 말이다. 그것에 비하면 현재의 4.5%는 매우 낮은 수준이다.
>
> $r = p + 0.5y + 0.5(p - 2) + 2$
>
> 여기서 r = 기준금리, p = 인플레이션, y = 잠재 GDP와 현실 GDP의 격차를 나타낸다.

는 하지만 여전히 너무 방만한 통화관리임을 알 수 있다. 그렇더라도 연준이 현재의 방식을 바꿀 가능성은 높아 보이지 않는다.

한미 통화스와프와 연준

　기준금리 조절, 지급준비율 조절, 양적완화 등이 미국 국민을 위한 것이라면 통화스와프는 연준이 외국인들을 대상으로 시행하는 유동성 공급 정책이다. 이제 그 통화스와프 이야기로 들어가 보자.

　2020년 초, 코로나19에 대한 공포가 몰려오기 시작했다. 한동안 안정되어 있던 환율이 3월 5일부터 치솟았다. 그날 달러당 1,181원이던 환율이 3월 19일이 되자 1,286원으로 올랐다. 2주만에 원화 가치가 9%나 추락한 것이다. 외국인들이 한국 주식을 처분해서 떠났기 때문이다. 다시 외환위기가 오는 게 아닌지, 걱정하는 목소리들이 커졌다. 그러던 중 3월 19일 반가운 소식이 들려왔다. 미국과의 통화스와프가 체결된다는 내용이었다. 당장 다음 날인 3월 20일 환율은 달러당 41원 내린 1,245원으로 마감했다. 그 후 계속 내려서 2020년 말에는 1,080원 수준까지 되었다. 한미 통화스와프 덕분에 외환시장이 안정을 찾은 것이다.

2008년 글로벌 금융위기 때도 6월에 달러당 1,100원 수준이던 것이 급등세를 이어가더니 11월에 1,500원을 뚫고 24일엔 1,513원에 도달했다. 한미 통화스와프 소식이 전해지자 환율은 급락했고 곧 안정을 되찾았다.

이런 사태에 대비하기 위해 준비한 것이 외환보유고이다. 2019년 말 우리나라의 외환보유고는 4,088억 달러, 세계 9위다. 1997년 89억 달러 기준 20년 동안 거의 50배가 증가한 것이다. 하지만 일단 외국인 투자가 빠져나가기 시작하자 그렇게 많아 보이던 외환보유고도 큰 소용이 없었다. 미국의 통화스와프를 체결하겠다는 한마디가 외환보유고 4천억 달러를 쌓아 두는 것보다 훨씬 더 효과가 크다.

통화스와프란 외환위기가 닥쳤을 때 자국 통화를 맡기고 상대방 통화를 받아오는 장치이다. 한미 통화스와프에서는 한국은행이 미국 연준에게 원화를 맡기고 미국 달러를 받아온다. 약정된 기간이 지나면 달러를 돌려주고 맡겨 둔 원화를 돌려받는다. 우리나라는 2008년 세계 금융위기 때 미국과 통화스와프를 체결했고, 그 후 종료된 상태였는데 2020년 다시 체결했다가 2021년 말 다시 종료되었다.

현재 우리나라는 중국, 캐나다, 튀르키예 등 8개 나라와 통화스와프를 체결하고 있다.[64] 하지만 대부분은 소용이 없다. 외환위기는 달러 빚을 못 갚아서 터진다. 중국 돈을 빌려온다면 어차피 다시 달러로 교환해서 쓸 수밖에 없다. 위기 시 우리가 아쉬워하는 것은 미국과의 스와프, 한미 통화스와프뿐이다. 부족한 것은 결국 달러이기 때문이다. 하지만 아쉽게도 미국과의 통화스와프는 종료된 상태다.

미국 연준이 제공하는 통화스와프는 한국만 대상이 아니다. 2008년 한미 통화스와프 협정이 체결되던 당시 총 14개 중앙은행들이 거의 동시에 미국 연준과 통화스와프 관계를 맺었다. 유로를 관리하는 유럽중앙은행, 스위스, 영국, 일본 등 5개의 기축통화국들이 가장 우선적 대상이었다. 호주, 스웨덴 등 그다음 등급의 나라들과 한국 싱가포르, 브라질, 멕시코 등 4개의 신흥국들이 대상으로 포함되었다.

---

[64] 김영민, 〈중앙은행 통화스왑의 이해〉, 한국은행 금요강좌 890회, 2022.07.01.

미국 연준의 통화스와프 라인 대상 국가들(2021.12 이전)

(억 달러)

구분	국가	2008년 금융위기			2020년 코로나19	
		체결일	한도	최대 인출액	한도	최대 인출액
상설 통화스와프 네트워크	ECB	'07.12.12	무제한	3,138	무제한	1,450
	스위스	"	"	311	"	109
	영국	'08. 9.18	무제한	950	"	316
	일본	"	"	1,276	"	2,258
	캐나다	"	300	미인출	"	미인출
한시적 통화스와프 대상국	호주	'08. 9.24	300	267	600	12
	스웨덴	"	"	250	"	미인출
	덴마크	"	150	150	300	53
	노르웨이	"	"	90	"	54
	뉴질랜드	'08.10.28	"	미인출	"	미인출
신흥국	한국	'08.10.29	300	164	600	188
	싱가포르	"	"	미인출	"	100
	브라질	"	"	미인출	"	미인출
	멕시코	"	"	32	"	66
계				5,861		4,489

    미국 연준은 2008년부터 본격적으로 외국의 중앙은행들에 통화스와프 거래를 제공해왔다. 1994년 캐나다, 미국과 이런 관계

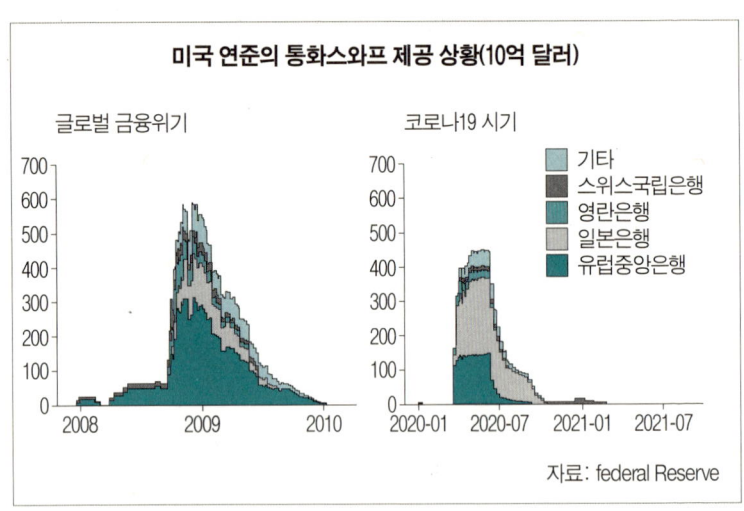

를 맺어 오긴 했지만 세계 여러 나라들을 대상으로 한 것은 이때가 처음이다. 중앙은행들이 시중은행들에 유동성을 제공하듯 미국 통화 달러의 관리자인 미국 연준이 다른 나라를 대상으로 달러 유동성을 직접 공급하기 시작한 것이다.

그림은 외국 중앙은행들과의 통화스와프 제공 액수를 보여준다.[65] 그 전까지 0의 상태이다가 2008년부터 급격히 늘기 시작했는데 글로벌 금융위기에 따른 금융 붕괴 위기를 타개하기 위한 목적이었다. 그리고 2020년 다시 급격히 늘어난 것은 코로나19에

---

[65] https://www.federalreserve.gov/econres/notes/feds-notes/the-international-role-of-the-u-s-dollar-20211006.html

따른 경제 붕괴를 방지하기 위한 목적이었다. 여기서 한미 통화스와프 협정은 ■의 기타 항목에 포함되어 있다.

미국은 왜 다른 나라의 중앙은행들에 통화스와프 계약을 제공할까? 달러가 기축통화이기 때문이라고 보면 된다. 국제결제은행(BIS) 연구원들의 계산에 의하면 미국 이외 나라의 은행들이 보유한 달러 표시 채권은 13조 달러에 달한다.[66] 그중 22%만 미국 내 지점이나 현지법인의 장부에 올라 있고, 나머지 78%는 미국 밖에 있다. 그러니까 연준이 양적완화 같은 수단으로 유동성을 공급하더라도 그 효과는 미국에만 한정될 뿐 미국 밖으로는 달러 유동성의 개선 효과가 나타나지 않을 수 있다. 그래서 연준은 자금경색 상황에서 외국 중앙은행들에 통화스와프를 통해 달러 유동성을 공급해주게 된 것이다.

이처럼 금융위기 상황에서 세계의 유동성 개선을 위해 중앙은행들에 통화스와프를 제공하지만, 왜 위의 14개국이 대상이 되었고, 그중에서도 특히 신흥국 중 왜 한국, 브라질 등은 포함되고 아르헨티나, 중국 같은 나라는 포함되지 않았을까?

2008년 처음 한미 통화스와프가 체결된 과정을 살펴보자.

---

[66] I. Aldasoro et. Al., Global banks' dollar funding needs and central bank swap lines, 2021.

2008년 9월 미국 리먼 브라더스의 파산으로 세계 금융위기가 촉발되자 신흥국들의 환율이 치솟기 시작했다. 원화 환율 역시 예외가 아니었다. 외신은 한국의 국가부도가 예상된다는 식의 보도를 내놓기 시작했다.

다급해진 한국 정부는 미국에 통화스와프 계약을 요청했지만 거절당했다. 미국은 신용등급 AAA 급인 나라들만을 대상으로 통화스와프를 체결한다는 답변이 돌아왔다. 캐나다, 영국, 스위스, 덴마크, 호주, 노르웨이, 스웨덴의 9개국이었다. 그래도 강만수 장관(당시 기획재정부 장관)이 계속 요구하자, 미국은 통화스와프 대신 한국이 보유 중인 미국 국채를 담보로 제공하면 달러를 대출해주겠다고 했다. 강 장관은 그 제안을 거절했다. 그렇게 되면 한국의 사정이 급박하다는 것을 자인하는 셈이 되어, 헤지펀드 등의 투기적 공격을 자극할 우려가 있었기 때문이라고 한다. 강 장관은 끈질기게 통화스와프 요구를 계속했고, 결국 10월 29일 연방공개시장위원회가 한국과의 통화스와프를 승인하기에 이르렀다.

이명박 전 대통령 회고록을 보면 그 뒷이야기가 나온다.[67] 당

---

[67] 이명박, 《대통령의 시간》, 알에이치코리아, 2015.

시 세계경제 위기 타개책으로 G8의 회원국을 확대하는 방안이 논의 중이었는데, 대세는 G14였다. 한국의 자리는 없었다. 유럽과 일본은 여기에 찬성했지만 미국의 부시 전 대통령은 신흥국까지 포함한 G20이 더 낫다는 입장이었고 한국도 포함될 가능성이 있었다. 2008년 10월 21일 부시 전 대통령은 이명박 전 대통령에게 전화해서 G20 확대 방안을 협의했다. 일주일 후인 29일 한미 통화스와프가 결정되었다.

하지만 G20 회원국이라고 해서 미국이 모두 통화스와프를 제공했던 것은 아니다. 아르헨티나, 중국, 인도, 인도네시아, 러시아, 사우디아라비아, 남아프리카공화국, 튀르키예도 모두 G20 회원국으로 외환위기를 자주 겪는 나라들이다. 그런데도 미국은 이 나라들과 통화스와프 계약을 맺지 않았다. 한미 통화스와프 협정이 가능했던 이유는 한국이 중요한 동맹국이라는 것, 이명박 전 대통령과 그 경제팀의 외교력 덕분이었다고 생각한다.

2022년에도 환율이 1,400원을 넘어서자, 미국에 통화스와프를 요청하자는 의견들이 여기저기서 터져 나왔다. 하지만 미국과의 통화스와프가 우리가 요청한다고 해서 쉽게 얻어낼 수 있는 거래가 아님을 짐작케 하는 여러 정황들이 있다.

첫째는 연준의 통화정책 기조이다. 통화스와프의 혜택을 받았던 2008년과 2020년은 미국 연준이 달러를 무한정 풀어내던 시기였다. 국내적으로는 기준금리를 0%에 근처까지 내리고, 양적완화라는 이름으로 돈을 찍어 국채며 민간의 회사채들을 마구 사들였다. 통화스와프는 달러 유동성 확대를 외국으로까지 확대하는 수단이었다. 그런데 2022년부터는 연준이 긴축으로 통화정책의 방향을 전환했다. 미국은 물론이고 전 세계적으로 인플레가 기승을 부렸기 때문이다. 연준은 그것을 잡기 위해 긴축으로 선회했고 물가는 아직 잡히지 않은 상황이었다. 그런 상황에서 한국에만 달러 유동성을 늘려주기를 기대하기는 어려운 일이었다.

둘째, 통화스와프를 해준다고 해도 특정한 한 나라를 봐주는 식으로는 하지 않는다는 것이 지금까지의 방식이었다. 즉 2008년과 2020년 모두 14개국과 동시에 협정을 체결했다. 그러니 한국 한 나라만 봐주기 위해 연준이 움직일 가능성은 없었다. 2020년 4월 튀르키예가 달러에 대한 리라화 환율이 급등세를 보이자 부랴부랴 미국에 통화스와프 협정을 제공해 달라고 공식적으로 요청했다. 하지만 미국은 아직도 대답을 안 하고 있다. 튀르키예가 친중, 친러, 반미적으로 바뀌고 있다는 사실과 더불어 위에서 설명한 이유, 즉 연준이 긴축 기조로 선회했고, 개별 국가 대상으로는 결정하지 않는다는 전통이 작용하고 있는 듯하다.

연준, 세계의 중앙은행 되나?

"한국은행의 통화정책이 한국 정부로부터는 독립했지만, 미 연준 통화정책으로부터는 완전히 독립한 것은 아니다."

2022년 8월 미국 잭슨홀에서 열린 캔자스시티 연방준비은행 주최 '잭슨홀 경제정책 심포지엄'에 참석한 이창용 한국은행 총재가 로이터 통신과 가졌던 인터뷰 내용의 일부분이다. 연준이 한국을 비롯한 다른 나라 중앙은행들에 강요하는 것은 아무 것도 없다. 금리도, 양적완화를 얼마나 할지에 관해서도 각자 알아서 판단하면 된다. 하지만 현실적으로는 연준의 금리인상과 연준의 정책을 따라가지 않을 수 없다. 연준이 금리를 올리는데 한국만 가만히 있거나 내린다면 자본이 유출되어 위기로 이어질 수 있기 때문이다. 금리를 낮출 때도

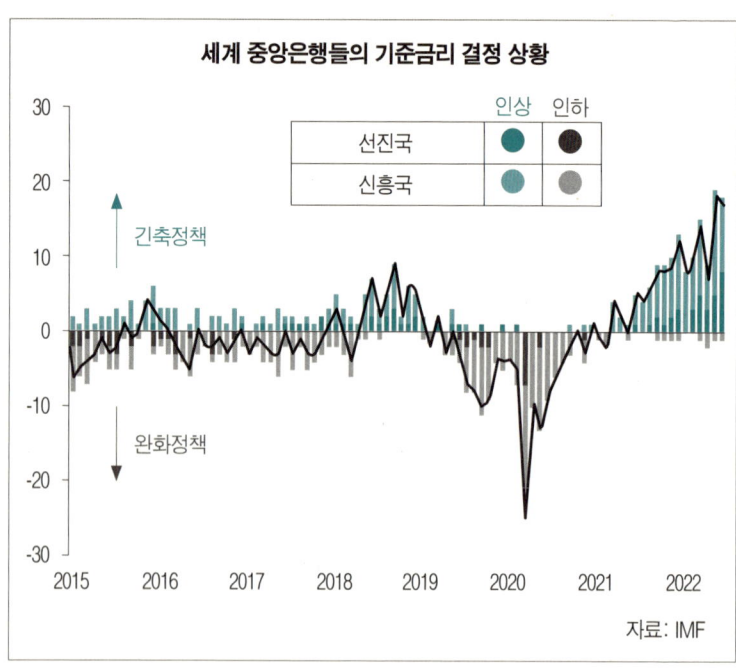

마찬가지다. 연준이 금리를 낮추는데 한국만 낮추지 않을 경우 원화 가치가 지나치게 높아져 수출 경쟁력이 떨어진다. 그래서 세계의 중앙은행들은 연준의 금리 정책을 따라가게 된다.

그래프에서 청록색은 기준금리를 인상한 중앙은행의 숫자, 검은색은 기준금리를 낮춘 중앙은행의 숫자를 나타낸다.[68] 2020년부터 2021년까지 코로나19 기간 동안은 검은색 일색이고 청록색

---

68 https://www.imf.org/en/Blogs/Articles/2022/08/10/central-banks-hike-interest-rates-in-sync-to-tame-inflation-pressures

은 거의 없다. 대부분 금리인하를 했다는 말이다. 2022년에 들어 청록색 일색인 것은 대부분 중앙은행들이 금리인상을 했다는 말이다. 추세와 달리 금리인하를 택한 나라, 즉 검은색은 러시아, 중국, 튀르키예 같은 예외적 국가들이다. 인상과 인하가 공존했던 2018년 이전과는 상당히 대조되는 현상이다.

양적완화나 긴축 역시 미국 연준이 시작하면 EC와 영국도 그 뒤를 따르곤 했다. 이는 상품시장과 금융시장이 전 세계적으로 모두 긴밀하게 연결되어 있기 때문이다. 우크라이나 전쟁으로 에너지와 식량 가격이 오르자 전 세계가 모두 인플레 속으로 빠져들어갔다. 대부분의 중앙은행들은 이 문제를 해결하기 위해 금리를 올려야 한다. 또 미국 연준이 금리를 올리니까 국적을 불문하고 전 세계의 자금들이 미국의 금융상품을 사려고 몰려든다. 한국의 개미투자자들마저 그 대열에 합류했다. 그러니 나라들마다 연준을 따라 같이 금리를 올리지 않을 수 없다. 게다가 연준은 통화스와프라는 장치를 통해 세계의 달러 자금경색 문제의 구원자 역할을 하기도 한다. 연준은 자연스럽게 세계의 중앙은행처럼 되어 가고 있는 것이다.

제4장

위기 또 위기, 외환위기사

1971년 금 태환 중지 선언 이후, 달러는 글로벌 금융위기의 진원지가 되었다. 미국이 저금리일 때 세계로 풀려나간 달러가 고금리가 되면 미국으로 다시 돌아오면서 세계 곳곳에 문제를 일으켜 왔다. 1980년대 라틴아메리카 금융위기, 1997년대의 아시아금융위기가 다 그랬다. 2008년에는 미국 자체의 금융시장이 붕괴에 직면하면서 글로벌 금융위기로 확산되었다. 그것을 해결하기 위해 미국은 달러를 마구 풀었고, 2013년 그 돈을 다시 거둬들이겠다는 연준 의장의 언질에 신흥국들은 극심한 몸살을 앓았다. 테이퍼 탠트럼, 긴축발작이라고 불리는 그 사건도 달러 강약 사이클에서 비롯되었다. 2022년부터 겪고 있는 전 세계적 자금경색도 코로나19 때 풀린 달러를 연준이 다시 거둬들이면서 생기는 현상이다.

브루킹스연구소가 글로벌달러사이클(Global Dollar Cycle)[69]이라는 논문을 발표했는데, 달러의 강약과 신흥국의 경기변동 사이에 깊은 관계가 있다는 내용이다. 다음 그림은 해당 논문에서 발췌했다. 검은색은 달러의 가치변화율, 청록색은 신흥국의 경제성장률을 나타낸다. 자세히 보면 두 선이 서로 반대로 움직이는

---

[69] https://www.brookings.edu/bpea-articles/the-global-dollar-cycle/

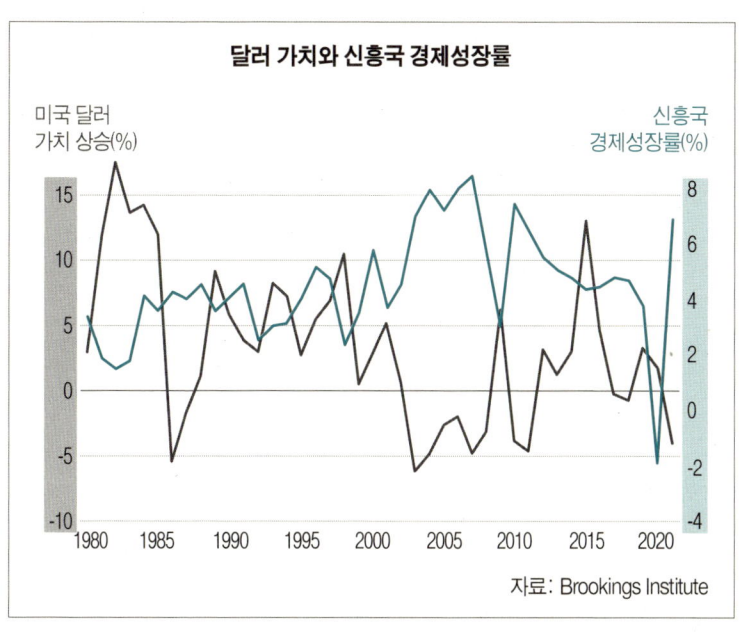

것을 볼 수 있다. 즉 검은색 선이 오르면 청록색 선은 내리고, 검은색 선이 오르면 청록색 선은 내려간다. 다시 말해서, 달러가 많이 풀리면 개도국 경제가 좋아지고, 달러가 긴축으로 들어가면 개도국 경제도 침체에 들게 된다는 말이다. 경제위기는 침체의 극단적 형태라고 보면 된다. 이제 달러의 강약에 따라 반복되어 온 그 위기의 현장 속으로 들어가보자.

위기 또 위기,
반복되는 글로벌 금융위기들

1980년대 라틴아메리카 외환위기

1982년 8월, 멕시코가 모라토리엄을 선언했다.[70] 800억 달러에 달하는 차입금을 갚을 수 없다는 선언이었다. 아르헨티나, 브라질, 니카라과 등 다른 중남미 국가들도 국가부도 대열에 동참했다. 미국과 IMF가 나서서 채무 조정을 해준 덕분에 완전한 파국은 겨우 면했지만, 경제는 만신창이가 됐다. 환율은 치솟고, 경제성장률은 마이너스로 추락했다.

---

[70] 이하의 이야기는 연준의 다음 자료에 크게 의존했다. J. Sims and J. Romero, Latin American Debt Crisis of the 1980s. FRB 2013. https://www.federalreservehistory.org/essays/latin-american-debt-crisis

라틴아메리카 금융위기는 그보다 10년 전 오일달러의 움직임에서 시작된다. 1970년대 중동 산유국들은 이스라엘 편을 드는 서방국가들을 응징할 목적으로 석유 생산을 줄였고, 유가는 급등했다. 오일쇼크의 출발이다. 당시 대한민국도 그랬듯이, 석유를 수입해서 쓰던 대다수 중남미 국가가 경상수지 적자로 빠져들었다. 반면 산유국들은 오일달러가 넘쳐 나게 되었다. 미국은 넘쳐 나는 달러를 맡겨 놓을 안전한 투자처였다. 산유국들은 그 돈으로 미국의 장기 국채를 매입했고, 미국의 은행들에 예치했다. 미국의 은행들은 넘쳐나는 그 돈을 누군가에게 대출해줘야 했다. 가장 좋은 고객은 경상수지 적자로 인해 달러 부족에 시달리는 중남미 국가들이었다.

멕시코, 브라질, 아르헨티나 등의 중남미 국가들은 '웬 떡이냐' 하며 미국의 은행들로부터 돈을 빌려다가 썼다. 1960년대 말에 290억 달러이던 대외 채무는 1978년 1,590억 달러가 되고, 1982년에는 3,270억 달러로 늘었다. GDP에 대한 부채 비율은 1972년 20% 수준에서 10년 만에 50%로 치솟았다.[71]

달러가 넘쳐나던 1970년대는 물가상승률을 고려한 실질금리

---

[71] https://www.stlouisfed.org/publications/regional-economist/january-2015/sovereign-debt-crisis

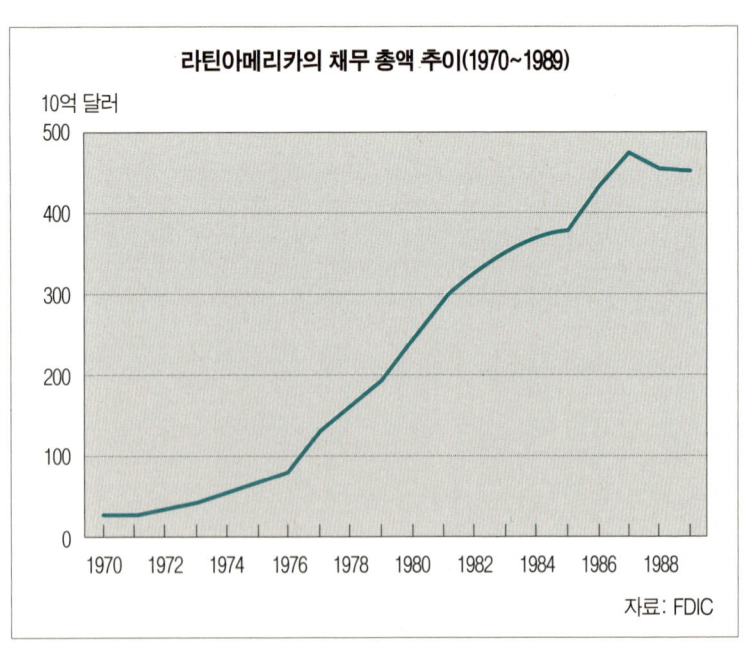

가 거의 제로 수준이었기 때문에 빚이 많아도 채무국에 부담이 되지 않았다. 하지만 시간이 지나면서 사정이 달라졌다. 1970년 대 말부터 선진국들은 인플레에 신경쓰기 시작했고, 미국 연준은 통화 긴축으로 방향을 선회했다. 미국의 시중 금리가 오르고 세계경제는 1981년부터 침체 국면으로 진입했다. 은행들은 대여금의 만기를 단축하고, 금리를 인상했다. 미국 은행들에 빚을 많이 진 중남미 국가들은 직격탄을 맞게 되었다. 외국에서 끌어다 쓴 빚을 갚을 수 없는 지경으로 몰렸다.

1982년 8월 멕시코가 모라토리엄을 선언하자 다른 나라들도 줄줄이 그 뒤를 따랐다. 신규 대출의 중단으로 돌려막기도 할 수 없게 되어 다른 방도가 없었다. 연준은 세계 중앙은행장들과의 협의를 거쳐 멕시코에 브릿지론을 제공하기로 했다. 미국 시중은행들도 채무조정에 동참할 수밖에 없었다.

채무당사국들은 선처를 받는 대가로 경제개혁 및 재정적자 문제를 해결해야 했다. 소위 IMF 처방은 그렇게 시작되었다. 생각해보면 무리한 요구가 아니었다. 빚을 갚지 못해 생긴 문제이니 열심히 벌고 지출은 줄여 갚을 돈을 마련하는 것이 상식이다. IMF 처방은 바로 그런 내용이라고 보면 된다. 하지만 그것을 실천하는 측에서는 고통이 크다. 특히 싼 달러로 흥청거린 뒤에 날벼락처럼 찾아온 사태여서 고통은 더욱 커진다. 사람들이 거리로 쏟아져 나와 신자유주의 규탄 시위에 나서는 것은 그런 맥락으로 이해하면 된다.

하지만 이 나라들에서는 기대했던 효과는 나타나지 않았다. IMF 체제를 거치면서 실업률이 급증하고 경제성장은 위축되었다. 그래서 중남미판 잃어버린 10년이라고 부른다. 여러 가지 개혁조치에도 불구하고 결국 차입금 상환은 불가능한 것으로 판명 났다. 채권자들은 받을 돈의 1/3을 삭감하고 더 강도 높은 경제개혁을 주문했지만 여전히 큰 효과는 없었다. 중남미 국가들은 그때 짊어지게 된 부채에서 아직도 벗어나지 못하고 있다.

1970년대 라틴아메리카 경제는 크게 성공하는 것처럼 보였지만 착각이었다. 그들의 경제 모형은 이랬다. 해외 차입을 통해서 내수를 확대하고 정부가 나서서 산업을 키운다. 그리고 문제가 생기면 돈을 풀어서 해결한다. 수출을 늘려 발전을 추구하는 동아시아 모형과는 상당히 다르다. 하지만 1980년대 대규모 국가부도 사태는 중남미식 경제발전 방식이 모래 위의 성 쌓기임을 여실히 보여줬다. 돈이 넘칠 때는 경제가 성장하는 것으로 보였지만 달러 공급이 중단되자 바로 허물어져 내렸다. 경제발전의 핵심은 국민들 각자의 생산성을 높이는 데 있다. 차입도, 정부개입도, 수출도 모두 그것에 도움이 되는 한도 내에서만 유용하다. 대다수 라틴아메리카의 국가들은 아직도 그 원리를 받아들이지 않고 있다.

1997년 아시아 외환위기

1997년 12월, 당시 임창렬 경제부총리는 IMF를 찾아가 구제금융을 요청해야 했다. 우리나라도 아시아 금융위기로 불린 연쇄부도의 파고를 피하지 못했기 때문이다. 그 시작은 태국이었다. 1986년부터 1996년까지, 위기가 나타나기 전 10여 년 동안 태국은 경제의 황금기를 누렸다. 매년 9%의 경제성장을 구가했으며 인플레도 3~6%로 양호한 수준에서 관리되고 있었다. 문제는 빚이었다. 눈부신 성장의 뒤편에서는 빚이 쌓여 갔다. 그 뿌리는 미국 주도의 플라자합의에 닿아 있다.

1985년 9월 22일, 미국 뉴욕 플라자호텔에는 미국 재무장관이 주재하는 회의가 열렸다. 참석자는 미국, 프랑스, 영국, 독일, 일본의 재무장관들. 미국이 회의를 소집한 이유는 환율에 대한 합의를 보기 위함이었다. 미국은 달러의 가치를 내릴 테니, 독일 마르크와 일본 엔화의 가치를 올리라고 요구했다. 급격히 증가하는 미국의 경상수지 적자 때문이었다. 1980년대 초 미국 연준은 기준금리를 22%까지 올려서 인플레를 잡는 데는 성공했다. 하지만 그 때문에 달러 가치가 치솟아 미국 제품의 수출 경쟁력이 악화 일로를 걸었다. 경상수지 악화는 그 결과였다. 처음 겪어본 이 현상에 미국 당국자들은 당황했다. 당시 독일과 일본은 미국을 상대로 막대한 경상수지 흑자를 내고 있었다. 플라자 호텔에서의 회의는 이 두 나라에 수출을 줄이고, 미국 제품을 많이 수입하라고 압력을 가하는 자리였다. 독일과 일본은 그 압력에 굴복해서 곧바로 통화가치를 거의 2배로 높였다. 홍콩, 타이완, 싱가포르도 비슷한 상황이 되었다. 달러의 가치는 그만큼 떨어졌다.

통화가치가 갑자기 높아진 나라의 기업들은 수출품의 가격경쟁력이 급격히 악화되었다. 자국에서 생산해 수출하기가 매우 어려워졌다. 반면 미국 달러가 약세로 돌아서자 자국 통화 바트화를 달러에 페그(달러당 25바트)시켜 놓은 태국은 덩달아 수출경쟁력이 높아졌다.[72] 일본, 대만, 싱가포르의 기업들이 태국 등 개도국으로 생산 기지를 옮기기 시작했다. 투자와 기술이 밀려들었다.

---

[72] P. Pholphirul, Macro Volatility and Financial Crisis in Thailand: Some Historical Evidence, ASEAN Economic Bulletin Vol. 26, No. 3 (2009), pp. 278-92.

달러 유동성도 풍부해졌다. 20%까지 치솟았던 연준 기준금리는 1982년부터 하락을 시작해서 1985년에는 6%에 이른다. 당시로서는 매우 낮은 수준이었고, 금융가에 돈이 넘쳐남을 뜻했다. 태국 기업가들은 해외은행에서 돈을 빌려 투자를 시작했다. 1990년대 초에는 자본자유화 조치까지 가세했다. 태국에서는 제조업 혁명이 일어났다. 수출은 늘었고, 경제는 급격히 성장했다.

하지만 서서히 상황이 변하고 있었다. 1993년 무렵 3%대에 머물던 연준의 기준금리가 1994년부터 오르기 시작해서 다음 해엔 6%가 되었다. 달러에 페그된 태국의 기업들도 수출 경쟁력을 잃어 갔고 경상수지 적자가 커졌다. 자유시장에서라면 바트화의 가격이 낮아질 상황이었지만, 태국 정부는 페그제를 바꿀 생각이 없었다. 1997년 5월부터 환투기꾼들의 공매도 공격이 시작됐다. 바트화를 빌려 팔고 일정 기간 후에 다시 상환하는 거래다. 태국인들은 달러를 구하기 어려워졌고, 외환보유고도 바닥을 드러냈다. 태국 당국은 결국 IMF에 구제금융을 요청하기에 이르렀고 이것이 아시아 금융위기의 출발이다.

태국에서 시작된 환투기 공격은 인도네시아에 이어 필리핀을 무너뜨렸다. 한국도 결국 손을 들었다. 기업 빚이 많은 것과 원화 가치를 과대평가해 놓은 것이 문제였다. 우리의 발전 전략은 외

> **참고자료: 페그제와 투기적 공격의 관계**
>
> 경상적자 + 페그제 ➡ 자국 통화의 잠재적 가치 하락 + 공식적 가치는 불변 ➡ 공매도 인센티브(빌려서 팔고 페그제 붕괴된 후의 가치로 되사서 반환) ➡ 페그제 붕괴 + 시장환율제 시작 ➡ 투기적 공격 성공

국인 직접투자 대신 한국 기업들이 달러 빚을 들여와 직접 공장을 만드는 방식이었다. 기업 부채가 많을 수밖에 없었다.

한편 OECD 가입을 추진하던 김영삼 정부는 소득 1만 달러 성취를 위해 원화 가치를 높게 유지했다. 수출은 정체되고 해외여행은 늘었다. 경상수지 적자가 커졌다. 그런 상황에서 태국발 연쇄 부도의 파고가 닥쳤고, 한국에 대해서도 투기적 공격과 자본유출이 일어났다. 결국 한국 당국도 방어를 포기하고 IMF에 구제를 요청하고 말았다. 이런 일련의 사태를 우리는 아시아 외환위기라고 부른다. 사태는 아시아를 넘어 러시아 외환위기로 (1998년), 미국의 롱텀캐피털 매니지먼트 파산, 브라질, 아르헨티나 부채위기로까지 이어졌다.

고초를 겪은 아시아의 나라들은 어떤 형태로든 페그제를 운영 중이었는데, 투기적 공격에 손을 들면서 포기해야만 했다. 통

화는 급격히 평가절하됐고, 환율은 치솟았다. 1997년 5월 달러당 25이던 바트화 환율은 12월에는 56바트로 치솟았다.[73] 원화 환율은 연초에 842에서 12월 한때 1,964원까지 치솟기도 했다. 다른 통화들도 사정은 비슷했다. 1985년부터 본격적으로 퍼져 나간 저렴한 달러 빚들이 고금리 상황을 맞으면서 또다시 문제를 일으킨 것이다.

2008년 글로벌 금융위기

2008년 미국발 글로벌 금융위기는 달러의 밀물과 썰물이 미국 자체에서 문제를 일으킨 사례이다. 1990년대 말 세계는 초고속 인터넷 붐 속으로 빨려 들어가고 있었다. 닷컴버블이라고 불릴 정도로 인터넷 기업들의 주가가 치솟았다. 과열이라고 판단한 연준은 기준금리를 올리기 시작했다. 그것이 원인이 되었는지 확실치는 않지만 2000년 하반기부터 주가가 폭락했다. 연준은 6.5%가 놓아진 금리를 2001년 초부터 부랴부랴 낮추기 시작했다. 그러던 중 그해 9월 11일 비행기 테러를 당해 뉴욕의 세계무역센터(World Trade Center)가 붕괴되었다. 세계는 충격에 휩싸였다.

---

[73] https://en.wikipedia.org/wiki/1997_Asian_financial_crisis#Thailand

경제가 붕괴될지도 모른다는 우려에 연준은 다시 금리를 1.75%까지 낮췄다. 2003년에는 1%로 더욱 낮아졌다. 달러는 마구 풀려나갔고 넘쳐나는 달러들은 주택시장으로 몰려들었다. GDP에 대한 주택담보대출 비율은 1990년대의 46%에서 2008년에는 73%로 높아졌다. 미국 가계의 가처분소득에 대한 부채비율도 1990년 77%, 2007년 127%, 2008년(삼사분기) 290%로 폭발적으로 증가했다. 그야말로 돈의 홍수라고 할 만했다. 주택가격은 급등했다. 1998~2006년 미국의 평균적 주택가격은 124% 상승했다.

연준은 또다시 머니게임을 시작했다. 과열을 식히기 위해 2004년부터 금리인상으로 돈을 거둬들이기 시작했고, 2006년 기준금리는 5.25%까지 높아졌다. 고금리는 주택가격 하락을 가져왔다. 2006년 중반보다 하락을 시작한 주택가격은 2008년 9월에는 20%나 추락했다. 그야말로 패닉 상태였다. 차입자들 중 부도가 늘었고, 금융기관들은 그 집들을 차압해서 경매에 붙이기 시작했다. 2008년 8월, 전체 모기지의 9%가 부도 상태였고, 1년 후에는 14%로 늘었다.

주택을 담보로 대출해준 금융기관들에 문제가 생기기 시작했다. 서브프라임 사태는 그렇게 시작되었다. 이어지는 자금경색 상황은 결국 리먼 브라더스 은행의 파산을 초래했다. 연쇄 도산의 물결이 파생상품들로 연결되어 있는 글로벌 금융시장으로 퍼져 나갔다. 전 세계가 금융위기 속으로 빠져들었다.

연준의장인 벤 버냉키는 헬리콥터로 돈을 뿌려서라도 경제를 구하겠다고 했다. 정말 돈을 뿌리는 듯한 정책이 시작되었다. 2008년 12월 기준금리는 0~0.25%가 되었다. 제로금리, 돈이 공짜가 된 것이다. 돈 풀기는 여기서 그치지 않고 양적완화로까지 확대되었다. 연준은 돈을 찍어서 미국 국채뿐 아니라 주택담보증권(MBS), 민간 기업의 회사채까지 사들였다. 1조 달러 미만이던 연준 보유 자산은 4조 달러를 넘어섰다. 돈 풀어서 살고, 돈 때문에 망하는 악순환의 고리는 더욱 심각해져 갔다.

2013년 긴축발작 테이퍼 탠트럼

2008년부터 시작된 양적완화, 즉 연준의 채권 매입 정책은 2013년까지 이어졌다. 그러나 영원히 그렇게 할 수는 없는 일이었다. 게다가 시중의 경제 상황도 상당히 개선되고 있었다. 그해 5월 벤 버냉키 당시 연준의장은 미 하원 청문회에 참석해서 다음과 같이 발언했다.

"경제 상황이 계속 개선된다면, 채권 매입 속도를 줄일 수 있습니다."[74]

미국에는 문제가 잦아들고 있다는 신호였지만 신흥국들에게는 새로운 문제의 출발이었다. 돈을 거둬들이겠다는 것도 아니고, 돈을 푸는 속도를 줄이겠다는 뜻인데도 신흥국들 자본시장에는 발작에 가까운 반응이 나타났다. 그동안 연준의 완화 정책에 따른 풍부한 달러 유동성 덕분에 흥청거리던 신흥국의 자본시장에서 달러가 유출되기 시작했다. 특히 경상수지 적자가 크고, 외국 자본 의존도가 높은 브라질, 인도, 인도네시아, 튀르키예 같은 나라들이 문제였다. 달러에 대한 환율이 치솟았다. 다음 그래프에서 나타난 것처럼 2013년 5월부터 환율이 치솟아 다음 해 1월에는 그때보다 20~30% 높아졌다.[75] 달러 자금이 빠져나갔기 때문이다. 또다시 외환위기에 대한 경고가 쏟아졌다.

사람들은 이 현상을 테이퍼 탠트럼(Taper Tantrum)이라고 불렀다. 테이퍼링은 속도를 줄인다는 뜻으로 채권매입을 통해 돈 풀어내는 속도를 줄인다는 말이다. 탠트럼은 발작을 뜻하는데 금융시장이 발작에 가깝도록 갑자기 반응함을 나타낸다. 그래서 우

---

[74] https://masonstevens.com.au/the-story-of-the-taper-tantrum-of-2013/
[75] https://www.brookings.edu/blog/up-front/2014/01/29/emerging-markets-taper-tantrum/

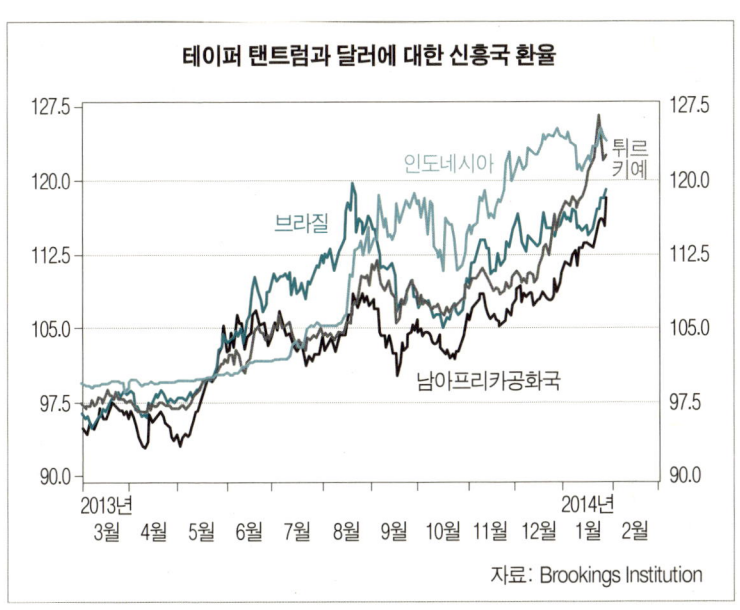

리말로는 긴축발작으로 부를 때도 있다. 테이퍼 탠트럼은 연준의 작은 말 한마디가 신흥국들에는 엄청난 충격이 될 수 있음을 보여주는 사례였다.

2023년 진행 중인 킹달러 돌풍

연준이 돈을 풀었다가 조일 때 위기가 찾아오는 현상은 코로나19 시국에도 여지없이 재현되었다. 우리가 지금 겪고 있는 킹달러 현상, 고금리로 인해 여기저기에서 터져 나오는 비명이 바로 그것이다.

지난 3년 동안의 상황을 간단히 복기해보자. 2019년까지 세계의 경제 상황은 그럭저럭 괜찮았다. 특히 미국은 그랬다. 2010년 10%까지 치솟았던 실업률은 4% 밑으로 떨어졌다. 완전고용이라고 할 수 있었다. 경기가 회복되면서 연준은 2008년 이후 풀었던 돈을 거둬들이기 시작했다. 0% 수준에 머물던 기준금리를 2015년 말부터 올리기 시작해서 2019년 7월에는 2.4%가 되었다.[76] 양적완화를 하느라 연준이 사들여 보유하고 있던 채권들을 2017년부터 매각하기 시작했다. 그러던 중 2020년 초부터 느닷없이 코로나19 사태가 시작됐다. 모든 대면 활동이 얼어붙었다. 미국 실업률은 15%로 치솟았고, 주가는 폭락했다. 2월 20일 3,400 수준이던 S&P 500은 3월 20일 2,300이 되었다. 거의 붕괴 수준이었다. 위험이 극에 달하자 신흥국의 통화가치는 추락했다.

또다시 연준이 구원자로 나섰다. 미국뿐만 아니라 전 세계에 달러를 뿌리기 시작했다. 2020년 3월 16일, 기준금리를 0~0.25%로 낮췄다. 시중의 채권을 대량으로 사들이는 양적완화도 다시 재개했다. 연준 보유 자산은 2020년 초 코로나19 이전에 4조 달러 수준이었는데 2022년 9월에 9조 달러로 늘었다. 한국 돈으로

---

[76] 연준 기준금리의 최근 역사에 대해서는 《포브스》의 다음 기사 참조. https://www.forbes.com/advisor/investing/fed-funds-rate-history/

환산하면 1경 2천조 원에 달한다. 얼마나 큰지 가늠이 안 되는 금액이다.

대부분 나라의 중앙은행들이 코로나19를 극복한다고 금리를 낮추고 돈을 풀었다. 국민들에게 긴급 생활자금을 지급하고 은행들을 시켜 죽어가는 기업들의 대출금 상환 기한을 연장해줬다. 하지만 이런 상황이 영원히 계속될 수는 없다. 돈을 풀면 물가가 오르기 마련이다.

물론 돈을 풀더라도 물가가 오르지 않을 수도 있다. 화폐의 유통속도가 떨어지면 돈이 돌지 않아 물가가 안 오르기도 한다. 하지만 그런 행운이 영원히 갈 수 없다. 2021년 초 미국의 소비자 물가상승률이 2%를 넘어섰다. 엎친 데 덮친 격으로 우크라이나 전쟁 때문에 식량과 에너지 가격이 폭등했다. 연준의 파월 의장은 이러다 곧 내려갈 거라고 큰소리쳤지만 그 예측은 크게 빗나갔다. 소비자 물가는 계속 높아져서 2022년 초에는 상승률이 7%가 됐다.[77] 연준의 법적 목표치인 2%를 넘어도 너무 많이 넘었다. 물가를 잡으려면 돈줄을 조여야 한다. 2022년 3월 연준은 0.25%이던 기준금리를 올리기 시작했다. 빅스텝, 자이언트 스텝

---

[77] https://www.usinflationcalculator.com/inflation/current-inflation-rates/

을 거듭해서 12월 14일에는 4.5%에 달했다. 이는 시중금리의 상승으로 이어졌다. 시중금리의 지표처럼 여겨지는 10년물 미국 국채의 금리는 3월 초 1.8%에서 11월에는 4.2%까지 올랐다.

미국 내의 고금리로 인해 달러에 대한 다른 나라 돈의 가치가 추락했다. 세계경제가 나빠질 경우 안전자산인 선진국 통화는 가치가 오르고 후진국 통화는 가치가 떨어지는 것이 보통인데, 이번에는 선후진국을 막론하고 달러를 제외한 거의 모든 돈들이 추락세를 면치 못했다.

고환율과 고금리는 세계 곳곳에서 위기를 불러일으키고 있다. 스리랑카는 국가부도를 선언했고, 파키스탄도 비슷한 상황이다. 환율 급등이 두려운 튀르키예는 미국에 통화스와프를 요청했는데 거절 당한 듯하다. 대표적 금융 선진국이던 영국은 일시적이나마 국채 시장 붕괴 상황에 직면했다. 우리나라도 돈 가뭄으로 기업들이 회사채 발행을 못 할 지경에 몰리고 있다. 밀물처럼 풀렸다가 제집을 찾아 들어가는 달러가 또다시 세계 곳곳에서 위기 상황을 만들고 있다. 하지만 이 고통을 피하려고 인플레를 방치할 수 없다. 그것은 더욱 큰 고통을 가져올 것이기 때문이다.

대한민국 3번의 환율 위기, 이번은 다른가?

지금부터는 대한민국이 겪었던 세 번의 환율급증 사태를 되짚어 보려고 한다. 1997년 7월 2일 태국 바트화 가치가 폭락하고 8월 14일에는 인도네시아 루피아도 무너졌다. 한국 경제의 펀더멘탈도 투자자들로부터 의심받기 시작했다. 기업들의 공격적 투자로 대외부채가 많았는데, 심각한 경상수지 적자 때문에 원리금 상환에 쓰일 달러의 유입량도 줄었다.

일본 엔화에 비해 원화의 가치가 높아진 것이 문제로 등장했다. 두 나라의 수출 시장이 상당 부분 겹치기 때문에 원화가 일본 엔화보다 강해지면 한국 수출은 타격을 받기 마련인데, 엔-원 환율이 그렇게 움직였다. 1994년 4월 100엔당 900원 수준이던 원화는 1996년 12월 728원 수준이 됐다. 원화의 강세는 수출 감소, 수입 증가로 이어졌다. 한국인들의 해외여행도 급격히 늘어났다. 1996년 경상수지는 229억 달러 적자, 당시 GDP의 5%에 육박하는 지경이 됐다. 요즈음 기준으로 하자면 거의 천억 달러에 해당한다.

게다가 빚을 얻어 투자를 늘려온 기업들에서 탈이 나고 있었다. 연초에 한보철강의 부도 처리가 확정됐고 삼미그룹, 진로그룹, 삼립식품, 대농그룹, 한신공영그룹의 부도가 이어졌으며, 7월 15일에는 재계 8위의 기아그룹마저 사실상 부도 상태에 들어갔다. 멀쩡한 기업들도 돈 구하기가 어려워졌다. 특히 달러 자금난이 심각해진 것이다.

정부는 펀더멘탈은 튼튼하니 걱정하지 말라며, 애써 태연한 척했지만 사실은 달러당 800원대의 환율을 방어하느라 진땀을 흘리는 중이었다. 외환보유액은 급격히 줄었고 11월이 되자 실제로 사용할 수 있는 외환보유액은 39억 달러 떨어졌다. 만기가 돌아오는 외채를 갚을 수 없었다. 12월 임창렬 부총리는 결국 IMF에 구제금융을 요청했다. IMF 사태라고 부르는 시절은 이렇게 시작되었다.

그러면서 환율제도도 바꾸었다. 그 전까지 알게 모르게 정부가 관리해 오던 관행을 중단하고 온전히 외환시장에 맡기게 되었다.

자유변동환율제는 그렇게 시작되었다. 10월 23일에는 달러에 대한 환율이 1,962원까지 치솟았다. 외국은행에서 달러로 대출받은 한국 기업들은 부채가 2배로 늘어난 셈이 되었다. 기업들의 부도는 더욱 늘었고, 30대 재벌 중 16개가 쓰러졌다.

이 사태의 근본 원인은 기업들의 높은 부채비율과 종금사들의 과다한 단기외화부채 규모라고 봐야겠지만, 방아쇠를 당긴 힘은 고환율, 킹달러의 충격이었다. 김영삼 정부는 OECD 가입을 위해 원화 가치를 달러당 800원 수준으로 높게 유지해 놓았고 그 때문에 경상수지 적자가 늘어 외환보유고도 줄어갔다. 그 상태에서 태국 등에서의 위기로 달러 가치가 높아졌고 인위적으로 유지되어 오던 한국의 환율은 현실과 너무 괴리가 커졌다. 투기적 공격을 견딜 수 없을 정도가 되었다.

다행스럽게도 한국 경제의 회복력은 놀라웠다. 2001년 8월, IMF에 진 빚을 모두 갚고 소위 IMF 체제로부터 졸업했다. 한국은행의 외환보유액도 급격히 늘어서 1997년 89억 달러에서 2007년에는 2,622억 달러가 되었다. 급격한 수출 증가, 그에 따른 경상수지 흑자 덕분이었다. 원-달러 환율은 1,100~1,200원 수준을 유지하다가 2006년에는 900원대로 낮아졌다.

하지만 위기는 또다시 찾아왔다. 2008년 미국의 부실주택대출에서 비롯된 금융위기가 리먼 브라더스 은행의 파산으로 이어졌고, 세계 금융위기로 비화되었다. 위험을 감지한 투자자들은 개도국에 투자된 자본들을 그나마 안전한 미국, 일본으로 옮겼다. 개도국 통화의 가치가 추락했다. 2007년 11월 900원 수준이던 원-달러 환율은 2008년 11월 1,500원대를 뚫었다. 외환보유고가 2,000억 달러를 넘겼는데도 별 소용이 없었다. 또다시 국가부도에 몰릴 수 있다는 공포가 엄습했다.

그때 한미 통화스와프를 체결한다는 뉴스가 들려왔다. 한국은행이 미국 연준에 원화를 맡기고 달러를 빌려오는 계약이었다. 물론 미국이 원한다면 한국은행에 달러를 맡기고 원화를 빌려 갈 수 있지만 그런 일은 상상하기 어려우니 일방적으로 도움을 받는 관계이다. 이 소식은 하늘에서 튼튼한 동아줄이 내려온 것 같은 효과를 발휘했다. 환율은 1,100원대로 낮아졌고 2021년까지 그 수준을 유지했다.

코로나19 사태는 또 한 번 원-달러 환율을 밀어 올렸다. 2020년 초, 중국 우한에서 시작된 코로나19가 세계 곳곳으로 퍼져 나갔다. 모든 나라에서 사람들의 대면 접촉이 줄어들면서 경제도 얼어붙기 시작했다. 외국인들이 한국 주식을 처분하자 자본유출이 시작됐다. 3월 5일부터 환율이 치솟았다. 그날 달러당 1,181원이던 환율이 3월 19일이 되자 1,286원으로 올랐다. 외환위기에 대한 우려도 고조되었다.

다행히 3월 19일 다시 한미 통화스와프가 체결된다는 소식이 전해졌다. 2008년에 체결되었던 계약은 2010년에 종료된 상태였는데, 2020년에 다시 체결되었다. 당장 다음 날인 3월 20일 환율은 달러당 41원 내린 1,245원으로 마감했다. 그리고 2020년 말에는 1,100원대 밑으로 내려왔다.

코로나19는 한국에 전화위복이 되었다. 2020년 초에는 위기를 가져왔지만, 시간이 지나면서 한국의 위상은 오히려 더 높아졌고, 원화의 가치도 올랐다. 방역에 상당히 성공한 데다 경제적으로는 운도 좋았던 덕분이었다. 코로나19가 제조업 강국의 위상을 높여준 덕분이다. 감염 우려 때문에 외식도, 쇼핑도 모두 멈춰버렸지만 재택 소비는 오히려 늘었다. 배달 가능한 물건에 대한 수요도 늘었다. 하지만 공장이 멈춰 선 나라들이 많았다. 한국을 비롯해 중국, 베트남 등 여전히 공장 가동이 되는 나라들은 수출이 급증했다. 경상수지 흑자에 따른 달러의 유입이 늘었다. 원화의 가치도 높아져 2020년 말에는 달러당 1,080원에 달했다.

한국 정부의 신용상태를 나타내는 CDS 프리미엄은 2021년 9월 18bps 수준으로 떨어졌다. 세계에서 가장 안전하다는 일본

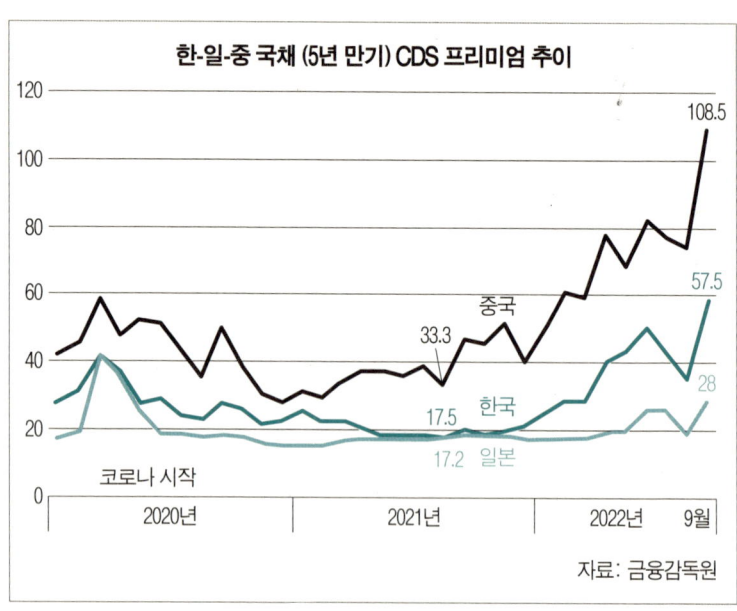

이 17, 미국이 13이었으니 우리 한국도 가장 안전한 나라로 평가를 받았던 셈이다.

하지만 평화는 그리 오래 가지 않았다. 2021년 중반부터 환율이 서서히 조짐을 보이더니 해가 바뀌면서 본격적 상승이 시작됐다. 8월부터는 외환위기의 기억이 되살아날 정도가 되었다. 연초에 1,190에서 10월 3일에 1,442원이 되었으니 10개월 만에 원화 가치의 18%가 사라진 셈이다. 11월이 되면서 1,300원대로 떨어지면서 조금 안정을 되찾은 듯하지만 여전히 불안은 가시지 않고 있다.

여기서 눈여겨보아야 할 측면이 있다. 2022년의 상황은 1997년 및 2008년 위기 때와 그 성격이 상당히 다르다. 우리가 우려하는 것은 궁극적으로 국가부도 사태가 되풀이되는 것인데, 그 확률은 국채의 CDS 프리미엄에 반영돼 있다. 환율이 1,440원대를 유지하던 10월, 이 수치가 가장 높아졌을 때 75bps 수준이었다. 부도 확률로 환산하면 1.25%에 해당한다. 그런데 14년 전인 2008년 12월, 환율이 900에서 1,400원대로 치솟았을 때는 692bps였다. 부도 확률은 11.5%이다. 그러니까 이번 고환율의 국가부도 확률 1.25%는 2008년 위기 때의 1/10 수준이다.

CDS라는 상품은 아시아 외환위기 이후인 2000년 초부터 생겨났기 때문에 1997년 위기시의 객관적 부도 확률은 알 수가 없다. 최근 국가부도 위험이 매우 높은 파키스탄 국채의 11월 6일 CDS는 7,550을 돌파했다.[78] 아마 1997년 12월 임창열 부총리가 IMF를 찾아갈 무렵 CDS 금융상품이 존재했더라면 한국의 수치가 현재의 파키스탄과 비슷했을 것으로 추측된다. 1997년의 그 같은 정황, 2008년의 부도 확률 11.5%와 비교해 본다면 2022년의 부도 확률 최고 추정치 1.25%는 비교도 안 될 정도로 낮다.

---

[78] https://mmnews.tv/pakistans-default-risk-reaches-new-high-of-75/

엄청난 놈이 오고 있다

    2020년 3월 19일 전 세계 대부분 증시들이 곤두박질쳤다. 코로나19로 사람들의 활동이 멈췄고, 그것은 경제의 붕괴를 의미했다. 주가가 곤두박질치는 것은 당연했다. 그런데 놀랍게도 다음 날부터 주가는 다시 치솟기 시작했다. 연준이 금리를 제로 수준으로 낮췄고, 양적완화도 시작했기 때문이다. 돈을 무제한 풀어내기 시작했다는 말이다. 미국 연준만이 아니라 유럽중앙은행, 영란은행이 모두 그 뒤를 따랐다. 원래 그렇게 해오던 일본은행은 돈 풀기에 더욱 박차를 가했다. 세상이 돈이 넘쳐나기 시작했다.

    풀려난 돈들은 세계 곳곳에 대출되었다. 만기를 맞은 기존 대출금들은 상환이 연기되었다. 2019년 GDP의 320% 수준이던 세

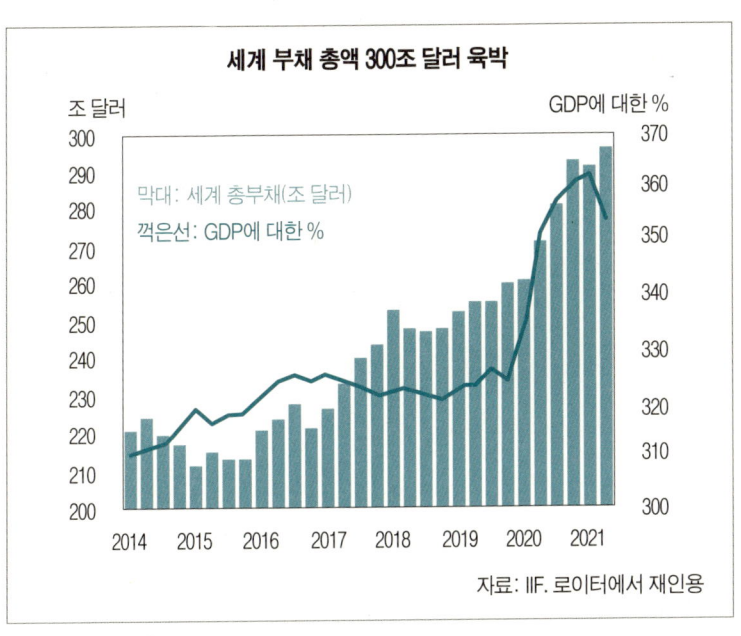

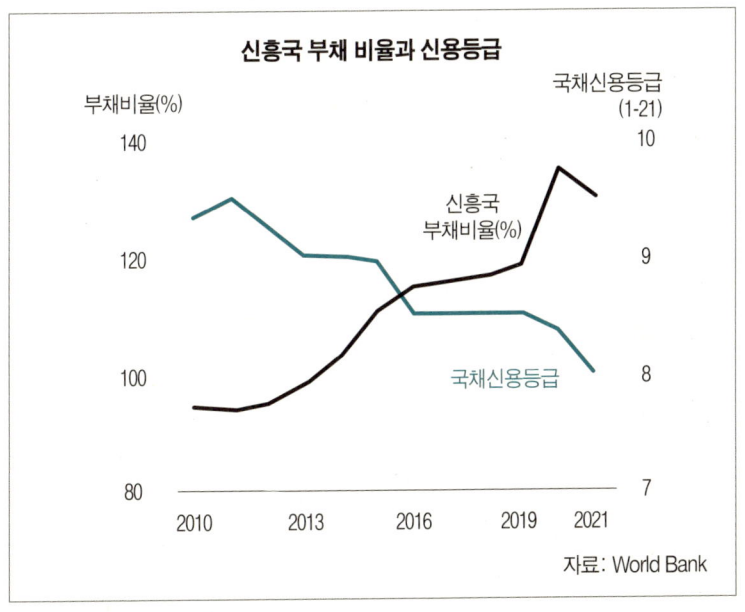

계 부채 총액은 코로나19를 겪으면서 360%까지 불어났다.[79] 과도한 빚은 어디서나 문제지만 특히 상환 능력이 부족한 신흥국들, 저소득 국가들이 심각한 문제로 등장했다.

월드뱅크에 따르면 신흥국들의 부채는 지난 10여 년간 지속적으로 증가해서 2021년 GDP의 130%에 달했다.[80] 빚을 갚을 수 있는 능력은 급격히 낮아졌다. 앞의 그림에서 청록색 선은 신흥국 부채의 평균 신용등급을 보여주는데 2010년 10에 근접해 있었으나 2021년에는 8로 떨어졌다. 달러 강세로 인해서 특히 달러 표시 채무의 부담이 커졌다. 같은 1달러라도 환율이 높아지면 갚아야 하는 자국 돈의 금액이 늘기 때문이다. 2022년 1사분기 신흥국의 달러 표시 부채는 4.2조 달러로서[81] 대외부채 총액의 절반 정도이다. 이런 상황에서 금리와 환율이 모두 뛰었으니 웬만한 저소득 국가들은 견디기 힘든 지경으로 몰려 있는 것이다.

---

[79] Global debt is fast approaching record $300 trillion-IIF, https://www.reuters.com/business/global-debt-is-fast-approaching-record-300-trillion-iif-2021-09-14/

[80] Is a Global Recession Imminent? WB, 2022.

[81] Global debt is fast approaching record $300 trillion-IIF, https://www.reuters.com/business/global-debt-is-fast-approaching-record-300-trillion-iif-2021-09-14/

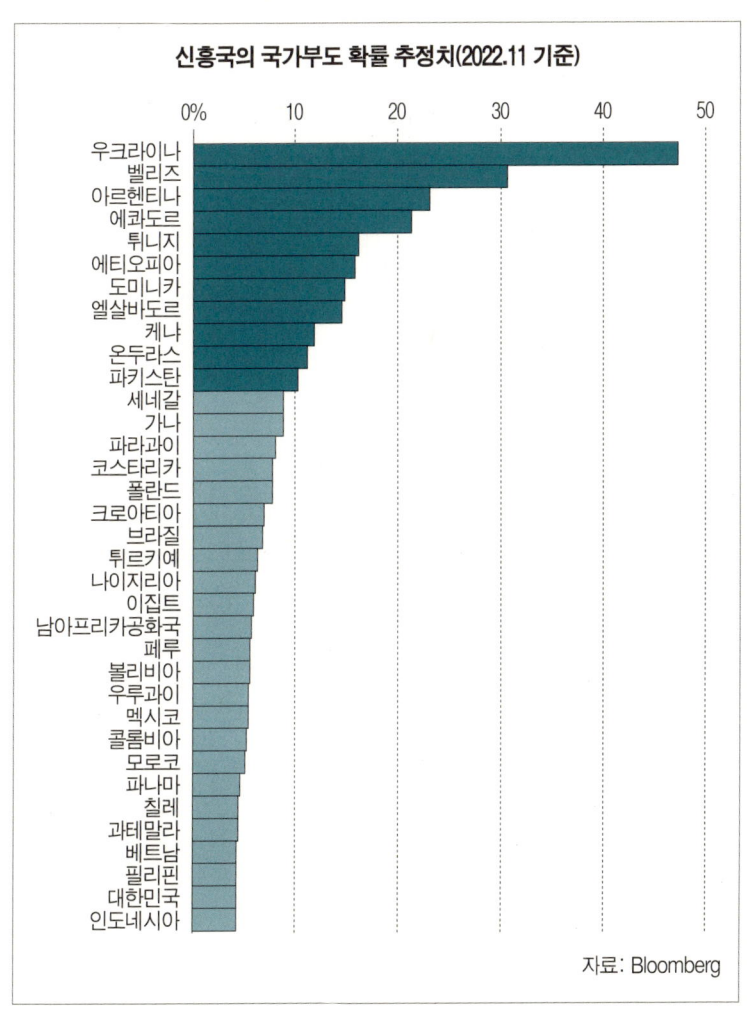

신흥국들의 상황은 국가부도의 확률에 반영되어 있다. 블룸버그 통신 11월 16일 자 기사는 신흥국 41개 나라 각각의 향후 1년

내에 국가부도 확률 추정치를 보도했다. 아르헨티나, 에콰도르, 에티오피아 등 11개국은 부도 확률 추정치가 10%를 초과했다. 전쟁 중인 우크라이나는 50%에 근접하고, 아르헨티나는 25% 수준이었다. 한국도 신흥국으로 분류되어 추정 대상에 포함되었는데, 부도 확률은 대상국 중 가장 낮은 수준으로 평가되었다.

사실 스리랑카, 잠비아는 이미 부도를 냈고, 가나, 파키스탄 등도 그 근처까지 와 있다. 세계경제에서 비중이 작은 나라들이지만 여러 나라에서 부도가 난다면 글로벌 금융시장 전체에도 충격을 피할 수 없다. 그래서 채권국 정부들, 채권은행들은 문제가 된 채무의 질서정연한 처리를 위해 채무 조정을 하곤 한다.

그러자면 채권자들이 서로 협력해야 한다. 서로 받겠다고 나서면 채무국이 완전이 거덜 날 판이니 채권자들이 서로 양보해서 상환기한을 연장하고, 갚을 금액도 어느 정도 탕감해줘야 한다. 하지만 어떤 채권자도 자기가 나서서 하고 싶지는 않은 일이니만큼 서로 협조해서 모두 조금씩 양보해야 가능해지는 일이다. 그런 목적으로 만들어진 모임이 파리클럽이다.

외국에 돈을 많이 빌려주는 나라들의 모임이라고 이해하면 된다. 1956년 아르헨티나 외환위기를 처리하는 과정에서 만들어졌고 현재는 미국, 독일, 일본 등 잘사는 22개국이 가입되어 있다.

한국도 2016년 가입했다.[82] 그런데 현재 진행 중인 신흥국 부채 위기는 파리클럽 회원국들 사이의 협조만으로는 해결이 안 된다. 중국이 신흥국들에 빌려준 부채가 워낙 많기 때문이다.

저소득 국가들이 파리클럽 비회원국에 진 채무는 GDP의 10%에 달하는데,[83] 그중 중국에 대한 채무가 가장 큰 것으로 추정된다. 〈월스트리트저널〉은 신흥국이 중국에 진 채무가 1,500억 달러를 넘는다고 보도했다.[84]

중국에 대한 채무는 비밀사항이 많은 데다 거래조건도 다른 나라들에 비해 가혹한 것으로 알려져 있다. 〈니케이 아시아〉는 이 점에 대해서 스리랑카의 싱크탱크인 베라이트 리서치의 연구 결과를 인용해서 보도했는데,[85] 스리랑카의 대외채무 중 일본에 대한 것은 금리가 0.7%인 반면 중국은 3.3%였다. 상환기간도 일본은 34년이지만 중국은 그보다 훨씬 짧은 24년이었다.

중국의 신흥국에 대한 채무가 이렇게 많은 상황에서는 다른

---

[82] https://www.korea.kr/news/policyNewsView.do?newsId=148817647
[83] M. Kose et.al., What Has Been the Impact of COVID-19 on Debt? Turning a Wave into a Tsunami, World Bank, 2021.
[84] https://www.wsj.com/articles/sri-lankas-debt-crisis-tests-chinas-role-as-financier-to-poor-countries-imf-bailout-11657735179
[85] https://asia.nikkei.com/Location/South-Asia/Sri-Lanka/Sri-Lanka-meltdown-exposes-China-loan-policy-5-things-to-know

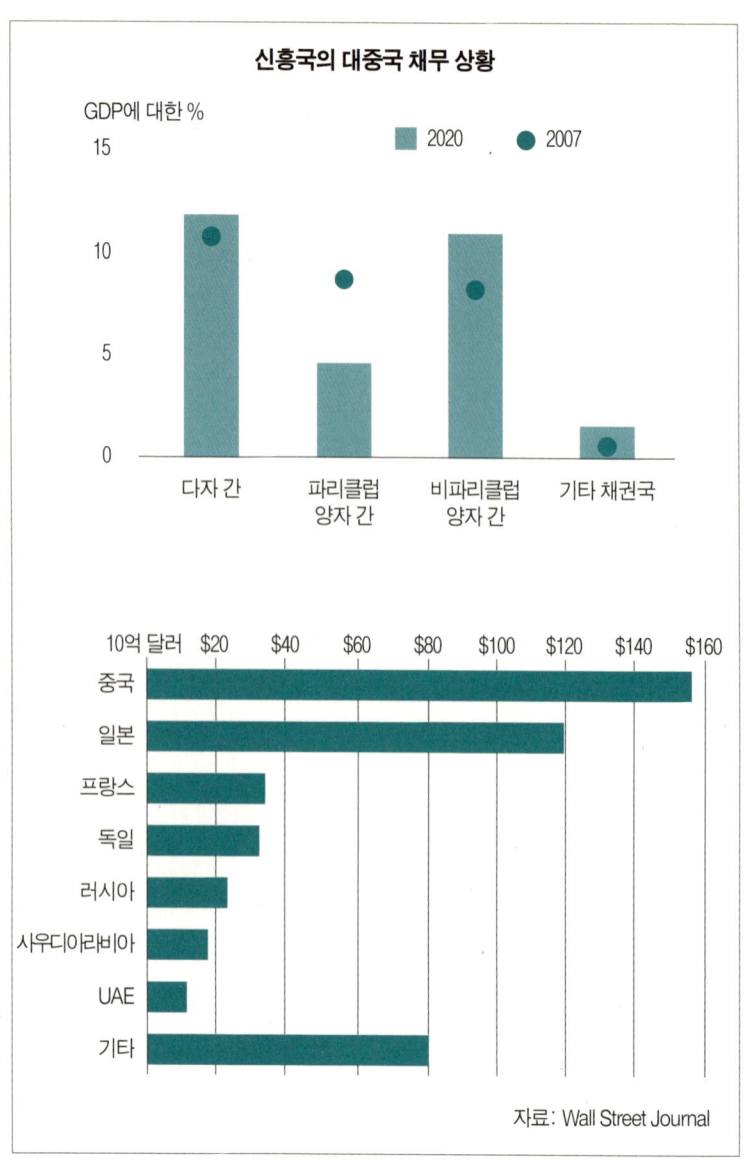

나라들도 채무조정을 해줄 인센티브가 없다. 채무조정 덕분에 채무국에 여윳돈이 생기더라도 그 혜택은 대부분 중국에 흘러갈 가능성이 높기 때문이다. 따라서 중국이 다른 나라들의 채무조정 협의에 동참하지 않는 한 파리클럽 멤버들도 머뭇거릴 수밖에 없다. 미국의 재닛 옐런 재무장관이 중국을 비난한 이유도, 이미 부도가 난 스리랑카에 대한 IMF 구제금융이 늦어진 이유도 거기에 있다. 다행히 중국도 마지못해 채무조정에 나서는 듯한 태도를 보이고는 있지만 여전히 미온적이다. 신흥국 부채에 대한 대응이 늦어진다면 국가부도는 걷잡을 수 없이 번질 것이고, 세계적 문제로 등장할 수도 있다.

제5장

미국의 질서, 달러의 질서

러시아에 대한 경제 폭격

2022년 2월 24일 러시아가 우크라이나를 침공하자 미국과 EU는 침략국에 대한 경제제재에 착수했다. 러시아의 전의를 꺾고, 우크라이나를 돕기 위함이었다. 미국과 유럽 국가들에 예치된 러시아의 외환보유고가 동결됐고, 상품의 수출입도 제재 대상이 되었다. 스위프트(SWIFT)에서도 러시아 은행들이 축출당했다. 이것은 다른 나라 은행들과의 송금 거래가 매우 어려워졌음을 뜻한다. 러시아와 무력 대결을 벌일 수는 없으니 경제적으로 말려 죽이겠다는 계산임이 분명했다.

처음에는 서방이 의도했던 대로 효과가 나타났다. 1,000개가 넘는 기업들이 러시아를 떠나거나 조업을 멈췄다.[86] 수출입이 급감했고 달러에 대한 루블화의 환율이 급등했다. 하지만 곧 루블화의 강세가 나타났다. 이건 경제제재라는 칼을 빼든 서방 국가들이 원했던 바도, 예상했던 바도 아니다. 러시아 국민의 일상생활에도 충격이 막대하다고 보기는 어렵다. 도대체 무슨 일이 있었던 것일까? 서방의 러시아에 대한 경제제재가 무엇이며, 왜 이런 일이 벌어졌는지 살펴보자.

EU와 미국의 러시아에 대한 제재는 거의 전방위적이라고 말해도 될 것 같다. 러시아 중앙은행의 외환보유고 동결, 금 거래 차단, 국제 송금 메시지망인 스위프트에서 러시아 은행들 축출, 중요 상품에 대한 수출입 거래 차단 등이 가장 중요하다.

먼저 외환보유고 동결은 러시아 중앙은행이 외국 은행들에 보유하고 있던 외환보유액을 동결시킨 조치다. 2021년 6월 기준, 이 나라는 금융자산으로 4,550억 달러, 그리고 금으로 1,270억 달러 상당을 보유 중이었다. 해당 금융자산은 중국, 프랑스, 일본 등 외국 은행들에 예치해 놓고 있었는데, 우크라이나 침공을 강행하자 EU와 미국은 자국 은행에 예치된 이 돈들을 동결했다. 액

---

[86] https://som.yale.edu/story/2022/over-1000-companies-have-curtailed-operations-russia-some-remain

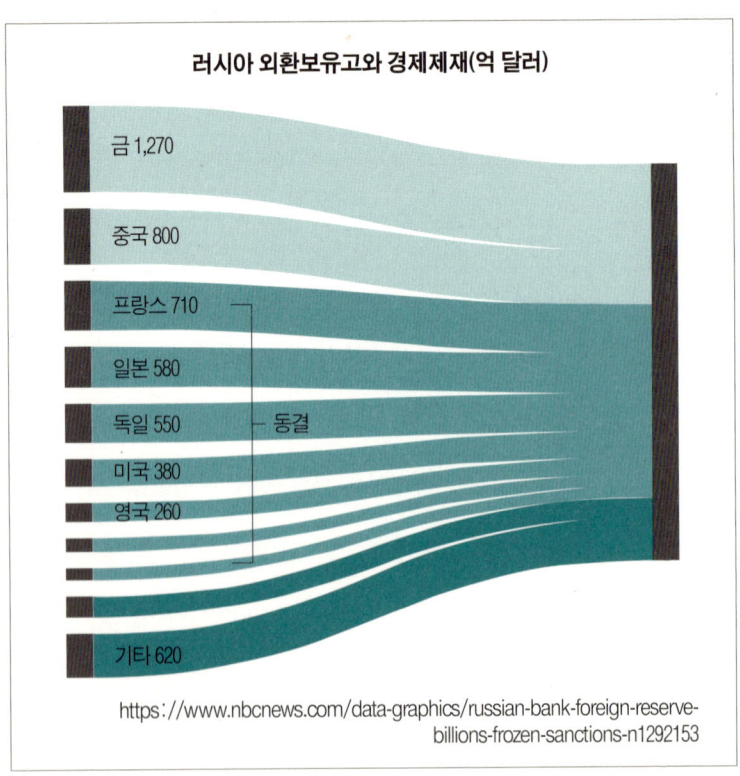

수는 2,840억 달러, 전체 금융자산 형태의 외환보유고 중 62%에 해당한다. 나머지 38%는 제재에 동참하지 않는 중국 등의 나라들에 예치해 둔 돈이다.[87]

러시아는 그동안 미국의 경제제재를 피하고자 많은 노력을 기

---

[87] https://www.nbcnews.com/data-graphics/russian-bank-foreign-reserve-billions-frozen-sanctions-n1292153

울여 왔다. 특히 외환보유고 중 달러를 줄이는 대신 유로와 위안화, 금의 비중을 늘렸다. 유럽 국가들이 미국의 경제제재에 동참할 리 없다는 판단에서였다. 그런데 예상을 뒤엎고 독일, 프랑스 등 유럽 나라의 은행들에 예치해 놓은 돈들이 모두 묶이게 된 것이다.

금의 경우 가격 상황에 따라 1,000~1,400억 달러 사이를 오가는데 대부분의 물량을 러시아 중앙은행이 직접 보관하고 있는 것으로 추정된다.[88] 따라서 금융자산처럼 서방이 직접 제재할 수 없다. 하지만 미국은 여기에 대해서도 미국의 금 거래상들이 러시아와 금 거래를 하지 못하도록 금지 조치를 내렸다.[89] 물론 중국이나 튀르키예, 이란 등 비슷한 반미 전체주의 국가들 또는 마약 거래 조직 같은 곳에 매각할 수는 있다. 베네수엘라의 마두로 정권도 그런 식으로 금을 팔아서 국제사회의 철저한 경제봉쇄 조치를 견뎌 낸다고 한다. 하지만 거래가 자유로울 때에 비해 상당한 손실을 감수할 수밖에 없다.

러시아에 대한 경제제재는 상품 수출입에 대해서도 이뤄지고

---

[88] https://www.bullionstar.com/blogs/ronan-manly/where-is-the-russian-federations-gold-stored/

[89] https://apnews.com/article/russia-ukraine-putin-business-europe-crimea-6052298fb902d3586b1d3dcf38f1c610

있다. 수출도 쉽지 않고 수입은 더욱 어려워졌다. 특히 수입의 경우 전쟁 이전 매월 200억 달러 규모이던 수입이 3월부터 급락해서 4월에는 8억 달러까지 내려앉았다.[90] 그로 인한 물자 부족을 중국, 튀르키예 등으로부터의 수입으로 메우고 있는 실정이라고 한다.

러시아 은행들을 스위프트 송금망에서 배제한 것도 강력한 제재 효과를 갖는다. 스위프트(SWIFT)는 국제은행 간 통신 협회(Society for Worldwide Interbank Financial Telecommunication)를 줄인 말인데, 은행들이 국경을 넘어 외국 은행으로 송금할 때 메시지를 주고받는 통신 네트워크이다. 이것을 통해 은행들은 다른 나라 은행들과 언제 어떤 액수의 돈을 보냈고, 언제 받았다는 등의 메시지를 주고받는다. 1973년 은행들의 조합 형태로 설립되었으며, 본부는 벨기에의 브뤼셀에 있다. 그전에는 은행들이 텔렉스를 사용해서 송금 관련 메시지를 주고받았는데, 스위프트가 나오면서 인스턴트 메시징 방식으로 바뀌었다. 전 세계 200여 개 나라의 1.1만 개 은행이 가입되어 있고, 하루에 4천만 개의 메시지가 오간다고 한다.

---

[90] https://www.bruegel.org/blog-post/russias-huge-trade-surplus-not-sign-economic-strength

스위프트에서 배제되면 여기에 가입된 은행들과 송금거래가 힘들어진다. 물론 불가능한 것은 아니다. 예전처럼 텔렉스를 사용할 수도 있고, 상대 은행에 전화하거나 이메일로 연락할 수도 있다. 하지만 매우 번거롭고 그 메시지를 믿을 수 있는지, 해킹당한 것은 아닌지 등 신경 쓰이는 것이 많다. 이런 문제 때문에 대다수의 은행은 스위프트에서 배제당한 러시아 은행들과 거래하기를 꺼리게 된다.

사실 연락망이야 누구나 만들 수 있다. 러시아도 스위프트에 대항해서 2014년부터 SPFS(System for Transfer of Financial Messages)를 운영해왔고, 중국은 CIPS(Cross-Border Interbank Payment System)를 운영 중이다. 하지만 가입자 수에서 비교가 되지 않는다. SPFS의 가입자 수는 400, CIPS는 1,280이다.[91] 중국의 경제지 〈차이신(財神)〉에 따르면 CIPS의 진짜 가입자 수는 76개인데 대부분 중국은행의 외국 지점들이라고 한다.[92] 스위프트에 가입한 1.1만 개의 은행들과는 하늘과 땅 차이다. 그 스위프트에서 배제되었으니 러시아는 수출 대금, 수입 대금을 거래하기

---

[91] https://www.businessinsider.com/china-russia-alternative-swift-payment-cips-spfs-yuan-ruble-dollar-2022-4
[92] https://asia.nikkei.com/Spotlight/Caixin/Analysis-China-s-CIPS-cannot-rescue-Russian-banks-from-SWIFT-ban

> **참고자료: 국제금융 상식**
>
> 스위프트가 미국의 경제제재 수단으로 등장한 것은 2001년 9·11 사태부터다. 미국이 이라크 제재를 요구하자 스위프트 측은 난색을 표했는데, 그럴 경우 미국이 세컨더리 보이콧을 할 수 있다는 의사를 비치자 미국의 요구를 받아들여 이라크 제재에 나섰다. 그 후로 스위프트는 이란, 베네수엘라 등을 제재의 대상으로 삼았다. 이번에는 우크라이나를 침공한 러시아가 제재의 대상이 되었다.

어려워졌다.

사정이 이렇다 보니 경제는 당연히 엉망이 되었다. 침공 전 3,600이던 모스크바 주가지수는 1주일 만에 2,000으로 추락한 후 크게 회복하지 못하고 있다. 2023년 3월 10일 현재 2,130이다.

이런 상태라면 돈 가치도 추락하는 것이 자연스러운데 루블화의 가치는 뜻밖의 움직임을 보여 왔다. 전쟁 전 달러당 75원 수준이던 환율이 2022년 2월 24일 침공 직후부터 치솟기 시작해서 3월 7일에는 139에 도달했다. 외국으로부터의 수입액도 전쟁 이전 매월 200억 달러 규모에서 4월에는 8억 달러까지 내려앉았다. 그런데 놀라운 반전이 일어났다. 특히 환율이 그랬다. 3월 11일경부터 환율이 급락세를 이어 가더니 6월에는 달러

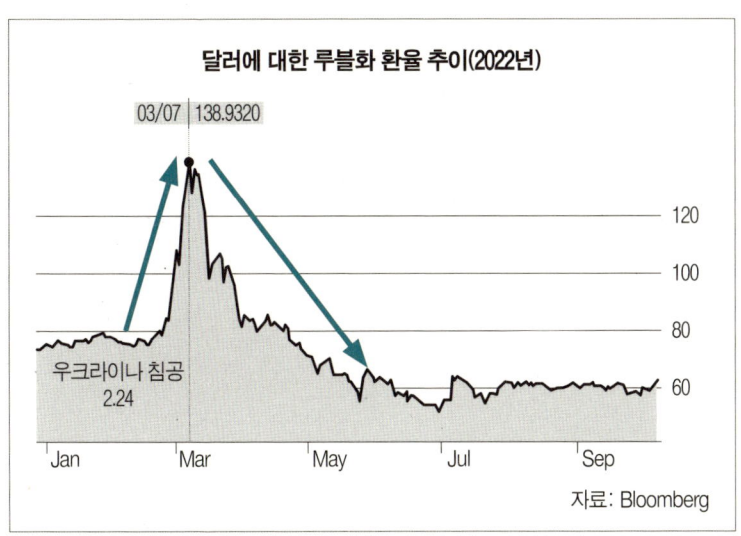

당 60루블 선에 도달했다. 루블화의 가치로 따지면 전쟁 전보다 20%나 더 높아진 셈이다. 2023년 3월 10일 현재 76루블로 전쟁 전 수준과 거의 같아졌다.

왜 이런 일이 벌어졌을까? 루블화와 달러화에 대한 수요 공급의 변화에 대한 수요와 그 이유는 크게 두 가지로 정리해볼 수 있다.

첫째, 루블화에 대한 인위적 수요의 증가이다. 러시아는 자국산 가스와 석유를 수입하는 수입상들에게 달러가 아니라 루블화로 결제하기를 요구했다. 유럽 각국의 정부들은 거부했지만 수입

업자들은 어쩔 수 없이 루블화를 구해서 요구를 들어줘야 했고, 에너지 대금을 지불해야 했다. 그만큼 러시아 밖에서 루블에 대한 수요가 늘었으니 루블화의 가격이 올라가게 된 것이다.

둘째, 달러의 수요는 줄고, 공급은 늘어난 것도 중요한 원인이다. 서방 국가들이 러시아로의 수출을 차단하다 보니 러시아는 달러를 쓸 일이 거의 없게 되었다. 반면 가스, 석유 등 에너지 가격이 폭등한 덕분에 수출 대금은 폭증했다. 수입은 줄고 수출은 늘어난 결과 경상수지 흑자는 소련 붕괴 이후 최고치를 기록했다. 이는 러시아 내 달러의 공급이 급증했음을 뜻한다.

루블화에 대한 수요는 늘고, 달러의 공급은 늘어났으니 달러에 대한 루블화의 가격은 높아진다. 뜻밖의 루블화 환율 움직임은 이렇게 이해될 수 있다. 이제는 루블화 가치가 너무 올라서 고민인 상황이 됐다. 그래서 20%까지 올렸던 중앙은행 금리를 7.5%로 내렸지만 루블 강세는 여전히 이어지고 있다.

하지만 경제제재 때문에 생겨난 이상 현상이기 때문에 루블화 강세는 언젠가 소멸할 가능성이 크다. 선물환 투자자들의 판단에 그런 예상이 반영되어 있다. 선물(先物, Futures Contract)이란 현물에 대응하는 거래로서, 현재가 아니라 미래의 특정 시점에서 현물을 인도받는 거래를 말한다. 그렇기 때문에 실제 현물을 받게 되는 미래 시점의 가격 예상치가 반영되기 마련이다. 돈에 대해서도 선물거래가 활발히 이뤄진다. 지금부터 2년 후인 2025년 3월 루블화 현물이 인도되는 선물거래의 가격은 0.008885달러로 통상의 환율로 바꾸면 달러당 112.5루블이 된다.[93] 2023년 3월 13일 현재 루블화 환율은 달러당 76루블이지만, 2년 후에는 112.5가 될 거라는 데에 이 투자자는 베팅을 하고 있는 것이다. 투자자들이 현재 루블화 강세를 비정상으로 간주하고 있음에 대한 증거이다.

일상생활에도 상당한 지장이 초래되고 있다. 〈모스크바 타임스〉의 보도[94]에 따르면 노키아와 에릭슨이 빠져나가면서 인터넷 속도가 느려지고, 대중교통인 버스 운행 횟수도 줄었다고 한다. 시내 빌딩에 공실이 늘어나고 비행 시뮬레이션 훈련을 제대로 받지 못한 조종사들이 비행기를 조종하기 시작했다. 자동차 메이커들도 다 떠나는 바람에 시장에는 중국제와 러시아제만 남아 있다. 하지만 당초 서방의 수출 통제가 초래할 것이라고 예상했던

---

[93] https://www.barchart.com/futures/quotes/R6*0/futures-prices
[94] 7 Unexpected Ways Western Sanctions Have Affected Life in Russia, The Moscow Times, 2022.12.10, https://www.themoscowtimes.com/2022/12/10/the-russian-salad-that-never-goes-out-of-fashion-a79659

충격에 비하면 일상 경제활동이 그럭저럭 지탱되고 있는 셈이다. 서방에서의 수입이 끊긴 대신 제재에 동참하지 않은 중국, 튀르키예, 인도 등으로부터의 수입이 늘었기 때문이다.

다음 그림은 2022년 경제제재 이후 러시아의 수입국별 상황을 나타낸다.[95] EU와 영국, 미국으로부터의 수입은 급격히 떨어졌고, 한국과 일본의 경우 최근 들어 약간 늘긴 했지만 그래도 이전에 비해 현격히 줄었다. 그러나 그래프가 보여주듯 중국과 튀르키예, 인도로부터의 수입은 급격히 늘고 있다. 특히 튀르키예가 눈에 띈다. 이런 상황이 러시아에 대한 수출 제한의 효과를 상당히 상쇄하고 있는 것으로 보인다.

〈파이낸셜 타임스〉에 의하면 이런저런 방법으로 잘 피해 나간 것 같지만, 사실은 파국을 지연시키는 정도의 효과에 불과하다고 한다. 첨단 제품들은 부품을 구할 수 없어 만들지 못하고 있다. 서방 기업들이 떠난 공장들을 접수해서 돌리지만 기술이 부족한 데다 수출을 할 수 없어서 생산량이 줄고 규모의 경제가 사라져 원가가 높아지게 된다. 오스트리아 경제 연구소는 장기적으로 러

---

[95] Russia's wartime economy: learning to live without imports. FT 221214. https://www.ft.com/content/6c01e84b-5333-4024-aaf1-521cf1207eb4

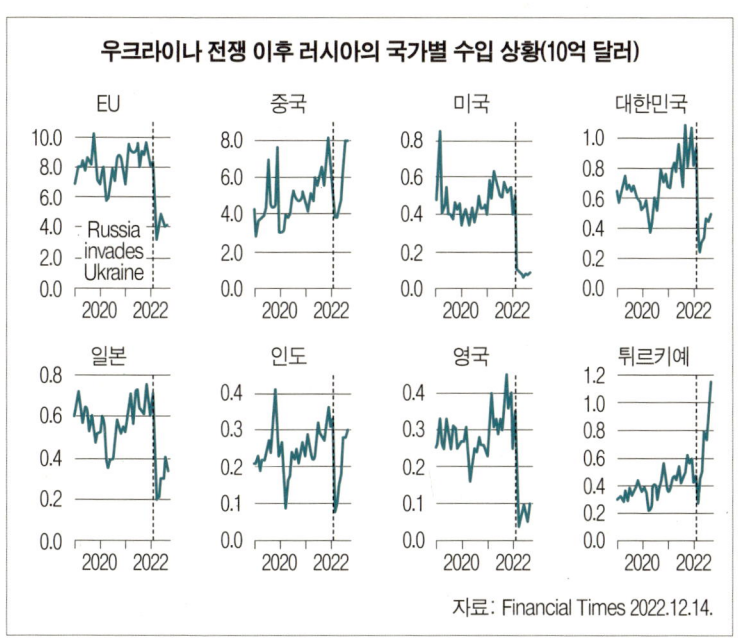

자료: Financial Times 2022.12.14.

시아 GDP의 9.7%가 사라질 것이라고 예측했다.[96]

게다가 우크라이나가 전투에서도 푸틴의 예상과는 달리 워낙 잘 버티다 보니. 브루킹스 연구소 같은 곳에서는 러시아 패전 이후의 상황에 대한 논의가 필요하다는 제안까지 내놓았다.[97] 러시아가 이렇게까지 몰리게 된 데는 미국과 유럽 국가들의 경제제재

---

96 https://www.wifo.ac.at/en/news/decoupling_of_trade_relations
97 https://www.brookings.edu/articles/time-for-the-west-to-think-about-how-to-engage-with-defeated-russia/

가 상당한 힘을 발휘했다. 특히 EU 국가들이 미국 주도의 경제제재에 동참한 효과가 컸다.

유럽은 미국의 다른 나라에 대한 경제제재에 동참해달라는 요구를 못마땅하게 여길 때가 많았다. 예를 들어 1989년 천안문 사태에서의 민주화 시위 무력 진압에 대한 대응으로 중국에 대한 무기 금수조치를 시행하면서 유럽 국가들도 동참할 것을 요구했다. 유럽 차원에서는 동참했음에도 불구하고 프랑스 같은 나라는 음으로 양으로 중국에 무기 수출을 했다.[98] 2005년부터는 대중국 제재를 해제하자는 움직임이 본격화되었고, 그대로 유지하자는 미국 및 영국과 심각한 갈등이 빚어지기도 했다. 결국 제재를 유지하는 쪽으로 결론이 났지만, 유럽과 미국 간에 제재를 둘러싼 입장 차가 있는 것은 분명하다.

러시아가 2014년 이후 외환보유액 중 달러를 줄이고 유로를 늘렸던 이유도 유럽 국가들이 제재에 참여하지 않을 것이라고 믿었기 때문이다. 그러나 이번 러시아에 대한 경제제재에는 유럽 국가들이 예상을 깨고 매우 적극적으로 동참했다. 사실 대중국 제재, 대이란 제재 같은 것에 대해 유럽 국가들은 남의 나라 일

[98] https://www.sisajournal.com/news/articleView.html?idxno=101519

정도로 여겼던 것이 사실이다. 그러나 우크라이나 침공은 나토 체제에 대한 직접적인 도전이자, 자기들이 중시하는 자유민주주의 체제, 그리고 규칙 기반 국제질서에 대한 직접적인 위협으로 받아들인 것이다. 전통적 중립국이던 스웨덴과 핀란드가 나토에 가입 신청을 한 이유도 거기에 있다.

사정이 이렇기 때문에 전체주의 국가들에 대한 미국 주도 경제제재는 더욱 힘을 받을 것으로 보인다. 물론 경제제재는 하는 쪽에도 상당한 희생을 요구한다. 수출을 금지하면 그만큼 못 팔기 때문에 손해이고, 달러 사용을 막으면 달러의 위상이 떨어질 수 있다. 하지만 전체주의 세력의 확대로 미국의 영향력 자체가 줄어들 경우, 결국 달러의 힘도 줄어들 것임을 고려한다면 제재는 불가피한 선택일 것으로 보인다.

미국의 경제제재: 북한에서 러시아까지

미국은 경제제재를 가장 많이 동원하는 나라다. 다음 그림에서 알 수 있는 것처럼 1950년부터 70년 동안 366회의 제재를 발동했다. EU 국가(독일 프랑스 등)의 123회, 유엔의 81회와 비교해도 압도적으로 많다.[99] 지금도 미국 국무부 홈페이지에는 제재 대상국들이 열거되었는데, 이란, 베네수엘라 등 비교적 최근에 대상이 된 나라들뿐 아니라 북한, 쿠바 등 1950~1960년대부터 계속 제재 속에 살고 있는 나라들까지 22개 항목이 열거되어 있다.[100]

---

[99] https://qz.com/2139439/the-us-has-been-turning-to-economic-sanctions-since-the-1950s
[100] https://www.state.gov/economic-sanctions-programs/

국가별 경제제재 발동 횟수(1950~2019)

미국	366회
EU	123
UN	81
노르웨이	51
캐나다	47
영국	44
아이슬란드	38
리히텐슈타인	38
일본	37
알바니아	36

https://qz.com/2139439/the-us-has-been-turning-to-economic-sanctions-since-the-1950s

 제2차 세계대전이 끝날 무렵부터 미국은 세계 자유 시민의 수호자 역할을 자처했으며, 그럴 힘도 있었다. 미국은 압도적인 세계 1위 국가였다. 산업은 세계 최첨단이었고, 경제 규모는 거의 다른 모든 나라를 합친 것과 같았다. 군사적으로도 압도적으로 1위에 올랐다.

 그런 미국에 소련은 눈엣가시로 등장했다. 제2차 세계대전 중 미국은 소련에 군사적·경제적 지원을 아끼지 않았다. 독일과 일본의 팽창주의에 맞서 싸우는 데 대한 대가였다. 그러나 전쟁이 끝나자 둘은 적수가 되었고, 소위 냉전이라고 부르는 체제가 시작되었다. 미국은 새로 만들어진 UN을 통해 소련 진영의 확대를 막고 싶어 했다. 1950년 한국전쟁에서는 유엔군이 결성되어 소련의 대리자인 북한군을 상대로 싸웠다. 하지만 그것이 끝이었다. 이후로 소련의 거부권 행사 때문에 UN을 통한 소련의 팽창 억제는 불가능해졌다. 그래서 등장한 것이 미국 단독 결정에 의한 경제제재이다. 북한, 쿠바, 과테말라 같은 나라들이 차례로 제재 대상에 포함되었다.

1991년 소련 해체 이후 공산 진영에 속하던 나라들이 미국 중심의 경제 질서 속으로 통합되어 왔다. 소위 워싱턴 컨센서스라는 규범이 대부분 나라에 자리를 잡아가기 시작했다. 상품과 자본의 자유로운 이동은 그 흐름 중 하나였다. 많은 나라가 무역과 금융의 글로벌 네트워크에 포함되어 갔다. 점증하는 달러 파워와 함께 경제제재의 파괴력도 커졌다.

막강한 달러 파워는 고객 비밀 보호 원칙으로 유명한 스위스마저 미국의 제재에 동참하게 했다. 미국 제재 대상 리스트에 오른 사람은 스위스 은행이라도 계좌정보를 제공할 수밖에 없었다. 이번 러시아에 대한 경제제재에도 처음에는 동참을 꺼렸지만 미국과 EU의 거센 압력을 못 견디고 결국 제재 대열에 합류했다.

스위스의 은행들은 1700년대부터 고객의 비밀을 철저히 지켜

왔다. 심지어 1934년 연방 예금법 제47조는 비밀유지 위반 행위를 고액의 벌금 및 5년 징역의 형사 처벌 대상으로 삼았다. 언론인의 공익제보도 예외가 아니었다. 본인이 동의하고 범죄 혐의가 입증될 때만 제3자에게 정보 제공이 가능하다.[101] 게다가 스위스는 영세중립국이어서 국제 분쟁에서 어느 쪽 편도 들지 않을 수 있었다. 분쟁 당사자 모두와 장사를 계속할 수 있었다는 말이다.

비밀주의와 영세중립국 지위는 스위스 은행들의 가장 큰 경쟁력이었다. 그래서 러시아 부자들은 스위스 은행에 많은 돈을 맡겼고, 그 은행들 역시 러시아 고객을 좋아했다. 예금 수수료를 두 배나 더 받을 수 있기 때문이라고 한다. 스위스 은행 연합회의 추산에 따르면 이 나라 은행들에 예치된 러시아 고객의 자산은 2,000억 스위스 프랑(미국 달러로는 2,100억 달러, 원화로 환산하면 270조 원)에 달한다. 제네바 호수 주변에는 러시아 부자들의 집단 거주지가 생겨났다.

비밀주의 포기로 스위스 은행들에는 상당한 손실이 초래되고 있다. 더 이상 이들을 신뢰할 수 없게 된 러시아 고객들이 금융자

---

[101] Is this the end of Swiss banking secrecy? By Jennifer L. Liu. Tuesday, October 18, 2022.
https://ultra.swiss/is-this-the-end-of-swiss-banking-secrecy/

산을 금으로 전환하거나 두바이 등 다른 안전한 곳으로 돈을 옮기고 있기 때문이다. 충분히 예상할 수 있었던 결과이다. 그런데도 제재에 동참한 것은 글로벌 금융시장에서 활동하기 위해서는 요구를 받아들이지 않을 수 없을 정도로 달러 파워가 강해졌기 때문이다.

미국은 경제재재뿐 아니라 틈틈이 군사제재도 동원하곤 했는데 2000년대 초반 이후에는 대부분 경제제재만 발동하고 있다. 그것은 이라크 전쟁에서의 실패 때문이다. 2003년 미국의 이라크 침공은 2001년 9·11 테러 때문에 일어났다. 이라크가 그 테러와 연결되어 있는 데다 대량살상무기를 보유하고 있다는 이유로 미국이 공격에 나섰다. 수많은 사람이 다치고 사망했지만 대량살상무기는 나오지 않았다. 국내외를 막론하고 여론은 극도로 나빠졌다. 그 후로 군사 개입은 거의 사라지고 더 많은 경제제재가 그 자리를 채웠다.

다음 그림에서 청록색 선은 금융제재, 즉 달러 패권에 기반한 금융제재인데, 1990년대와 2000년대 중반 이후 급격히 증가하는 것을 볼 수 있다. 반면 회색 선의 군사제재는 2000년대 초반 이

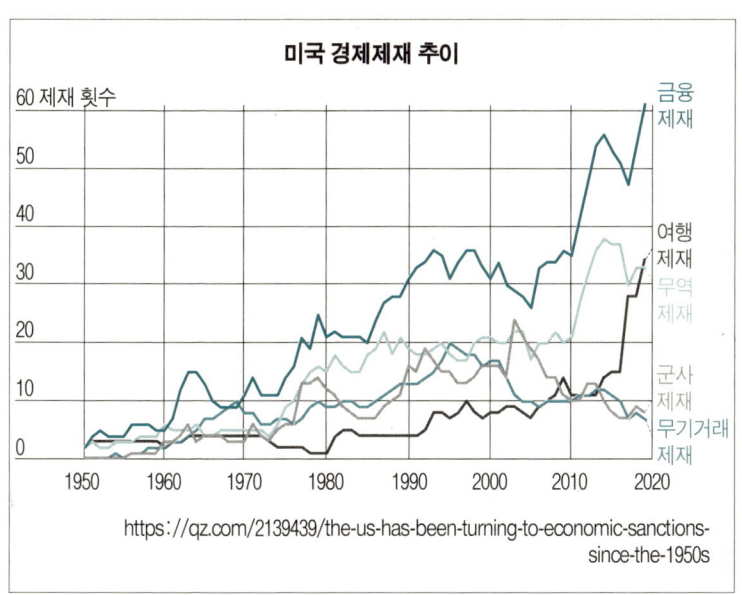

후 현저한 하락세로 전환되었다.[102]

　버락 오바마(Barack Obama)와 도널드 트럼프(Donald Trump) 시절, 경제제재를 스마트 제재라 부르며 더욱 적극적으로 활용했다. 그 추세의 절정이 최근의 러시아에 대한 경제제재라고 봐야 할 것이다. 지금까지와 다른 점이 있다면 대부분 미국 단독 제재의 성격이 강했는데 이번의 대러시아 제재는 독일, 프

---

[102] https://qz.com/2139439/the-us-has-been-turning-to-economic-sanctions-since-the-1950s

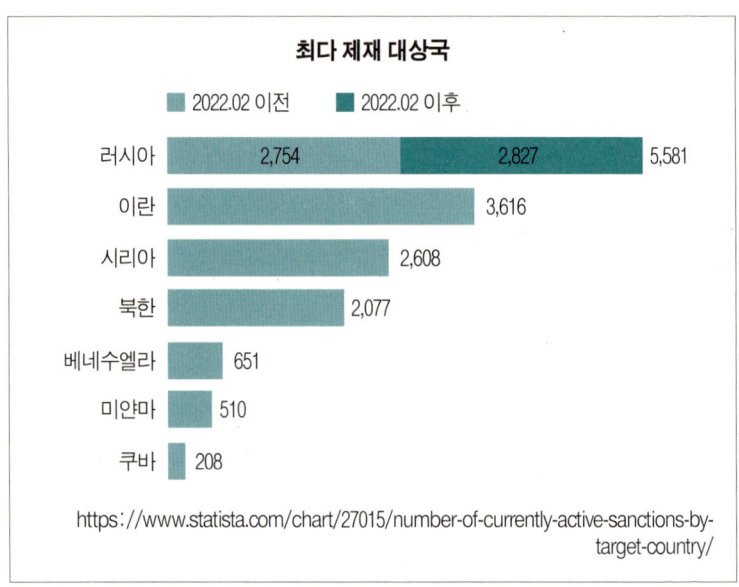

랑스 등 EU 국가들까지 동참하고 나섰다는 점이다. 중국이 대만을 침공한다면 아마도 세계대전 수준의 제재가 따를 것으로 예상된다.

2022년 기준 세계에서 가장 심한 규제를 받는 나라는 러시아와 이란, 시리아, 북한, 베네수엘라, 미얀마 등이다. 대부분 전쟁이나 테러 지원, 인권 탄압 등의 이유로 제재 대상에 올랐다.

제재 효과가 있는지에 대해서는 많은 논란이 있어 왔다. 글로벌 경제제재 데이터 연구팀은 경제제재의 목표 달성 비율이 1990년 50%로 최고조에 달했다가 급격히 떨어져서 2015년 무렵에는 20%도 채 되지 않는다고 평가했다.[103] 효과가 없는데 미국 정부가 경제제재 카드를 계속 꺼내 드는 이유는 미국의 국내 정치용 제스처라고, 케이토 연구소의 한 보고서는 비판했다.[104] 그럼에도 불구하고 달러 파워가 유지되는 한 경제제재는 앞으로도 종종 뉴스에 등장할 것으로 보인다.

---

[103] https://cepr.org/voxeu/columns/global-sanctions-data-base
[104] https://www.cato.org/policy-analysis/ineffective-immoral-politically-convenient-americas-overreliance-economic-sanctions

도전받는 미국 이념, 솟구치는 중국 이념

경제제재의 주요 대상은 인권 탄압, 테러 지원, 전쟁 등이다. 자유민주주의의 기본 가치인 개인의 자유 및 인권을 침해하거나 테러를 지원하는 세력은 십중팔구 제재의 대상이 되었다. 10여 년 전까지만 해도 어른이 못된 아이를 혼내 주듯 일방적 관계였다. 누구도 미국에 심각하게 덤비지 못했다. 1991년 소련 붕괴 이후 미국은 세계의 유일한 강대국이 되었기 때문이다. 일본과 독일이 경제적으로 강대국이었지만, 군대가 없어 안보를 미국에 의존하는 절름발이에 불과했다. 프랑스 정도를 제외하면 미국에 입바른 소리를 할 나라가 없었다.

그러면서 미국의 가치는 세계로 퍼져 나갔다. 정치적으로는 자유민주주의, 즉 개인의 자유와 인권이 보장되는 민주주의, 그리고 법치주의가 세계 곳곳에 자리를 잡아 갔다. 경제적으로는 자유시장 경제와 자유무역이 대세로 자리를 잡았다. 소위 워싱턴 컨센서스의 확산이었다.

그러나 중국이 슈퍼 파워로 부상하면서 상황이 달라지고 있다. 중국도 민주주의를 한다고는 하지만 중국공산당이 내세우는 '전과정 인민민주'는 개인의 자유와 인권이 보장되는 서구식 자유민주주의가 아니다. 공산당의 결정에 모두 따라야 한다는 점에서 전체주의이다. 중국은 강해진 영향력으로 전체주의의 확산을 추구해 왔다. 미국의 자유주의와 중국의 팽창적 전체주의는 양립이 불가능하기에 충돌은 불가피했다.

중국은 사실상 미국이 키워줬다고 해도 과언이 아니다. 중국이 성장하는 데 결정적 계기가 된 사건은 2001년 WTO 가입이다. 그 이후 중국은 세계의 공장으로 부상했고, 2001년 1.3조에 불과하던 중국의 GDP는 2021년 18억 달러에 근접했다. 머지않아 미국을 추월할 것이라는 예측들도 심심찮게 들린다.

지금도 그렇지만 2000년 무렵의 중국은 더욱 WTO 회원국의 자격을 갖추지 못했다. 회원이 되려면 시장경제를 해야 하는데 중국은 여전히 국영기업 중심의 사회주의 국가였다. 그런 중

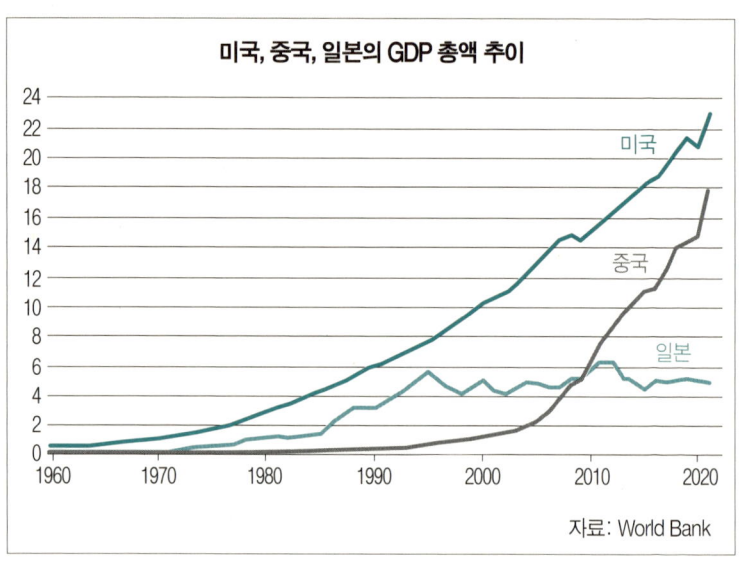

국에게 WTO 회원국이 되도록 길을 터준 주역은 당시 미국 대통령 빌 클린턴(Bill Clinton)이다. 당장은 사회주의, 일당독재지만 WTO에 가입하면 달라질 것이라는 믿음 때문이었다. 국제무역을 통해 소득이 증가하고, 국민이 잘살게 되면 중국도 자유민주주의 국가로 변하리라는 믿음이었다. 클린턴은 그렇게 미국인들과 WTO 회원국들 앞에서 열심히 중국을 변호했다.

사실 미국은 이미 그런 경험을 가지고 있었다. 1945년까지 일본과 독일은 전체주의 국가였고, 미국의 적국이었지만 종전 후 무역으로 부국이 되면서 모범적인 민주국가이자 미국의 가장 가까운 우방으로 변했다. 미국인들은 중국도 그렇게 될 것이라고 굳게 믿은 것이다. 하지만 중국은 일본, 독일과 달랐다. 덩샤오핑(鄧小平)이 개혁개방을 시작하면서 중국인들에게 당부했던 말이 도광양회(韜光養晦)다. 자신의 재능을 밖으로 드러내지 않고 인내하면서 때를 기다리라는 뜻이다. 자본주의 지지자처럼 보였던 덩샤오핑조차도 속을 드러내지 말고 기다리라고 했지, 속을 바꾸라고 하지 않았다. 중국의 국력이 커지자 중국인들은 바뀌지 않은 그 속내를 드러내기 시작했다. 미국의 질서를 따르지 않겠다고 나섰다.

2012년 집권한 시진핑(習近平)은 일당독재라는 측면에서 중국을 마오쩌둥(毛澤東) 시절로 돌려놓고 있는 듯하다. 그리고 인권 탄압, 국제적 약속 파기를 서슴지 않는다. 신장 위구르, 티베트에서의 인권 탄압에 대해 미국이 제재를 가하자 내정 간섭이라며 맞대응에 나섰다. 일국양제라는 세계와의 약속을 무시하고 자유롭던 홍콩을 폭력적으로 장악했다. 타이완에 대해서는 무력 점령 의사도 부인하지 않고 있다. 중국은 이제 전체주의, 중국식 인민민주주의의 거대한 구심점이 되어 버렸다.

2008년 미국발 글로벌 금융위기는 중국의 발언권을 더욱 높여주었다. 미국은 마이너스 성장으로 뒷걸음질 칠 때 중국은 성장률이 10%를 넘기도 했다. 경기 침체 때문에 수출 판로를 잃은 세계의 여러 나라들에 중국은 탄탄한 시장으로 떠올랐다. 2012년 집권한 시진핑 주석은 그동안 수출로 쌓아 놓은 달러 자금을 풀어 세계 곳곳에 중국산 인프라를 깔아 가기 시작했다. 그 나라들은 빠르게 중국의 우방으로 변해갔다.

중국의 세계 질서 재편 전략[105]

전략 명	제안 시기	사업 내용
글로벌 안보 전략 Global Security Initiative 全球安全倡议	2022년 4월	국제 안보 위기 상황에 대한 중국 주도의 해결책 제공 중국 주도 평화 체제 구축
글로벌 발전 전략 Global Development Initiative 全球发展倡议	2021년 9월	개도국의 빈곤 퇴치 및 공공위생 등 불평등 해소 지원. 50여 개국의 참여 의사 표명
일대일로 사업 Belt and Road Initiative 一带一路倡议	2013년 9~10월	참여국에 도로, 철도, 통신망 등 인프라 구축 지원. 캄보디아, 파키스탄 등 149개국 참여

자료: Nikkei Asia Review

중국이 우방으로 삼기 위해 공을 많이 들인 나라들은 주로 개도국들이다. 아시아에서는 북한, 미얀마, 캄보디아, 파키스탄, 아

[105] https://asia.nikkei.com/Spotlight/Asia-Insight/China-s-Global-Security-Initiative-Xi-s-wedge-in-the-U.S.-led-order

프가니스탄, 이란 등이고, 아프리카에서는 짐바브웨, 수단, 에티오피아 등이다. 그리고 라틴아메리카에서는 베네수엘라, 쿠바, 페루, 브라질, 파라과이 등이다. 모두 그런 것은 아니지만 상당수가 독재정권 또는 전체주의적 정권이 장악한 나라들이다. 이들이 국제무대에서 미국 및 서방 선진국 주도의 질서, 자유민주주의 이념에 정면 도전하는 상황이 벌어지고 있다.

2020년 6월 30일 스위스 제네바에서 열린 유엔 인권위원회에서는 친중-반중 국가 사이의 차이가 극명하게 드러나는 장면이 펼쳐졌다. 당시 영국의 줄리언 브레이스웨이트 UN 대사는 중국의 홍콩국가안전법 강행, 신장 위구르, 티베트에서의 인권 탄압을 비판하는 내용의 성명서를 낭독했다. "중국의 홍콩국가안전법이 홍콩인의 인권을 침해한다, 일국양제를 약속한 영국과 중국 정상 간의 합의를 위반한 것이니 재고하라. 위구르와 티베트인들에 대해서도 인권 탄압을 멈추고 UN 인권의 고위 감독관의 감독을 받으라"는 내용이다. 이 성명서에는 영국을 포함, 27개국의 서명이 담겨 있었다.

그런데 같은 회의장에서 쿠바 대표는 반대 내용의 성명서를 낭독했다. "홍콩국가안전법은 중국 정부의 정당한 권리이기 때문에 인권 문제가 아니며, 따라서 유엔 인권위원회에서 다뤄서는

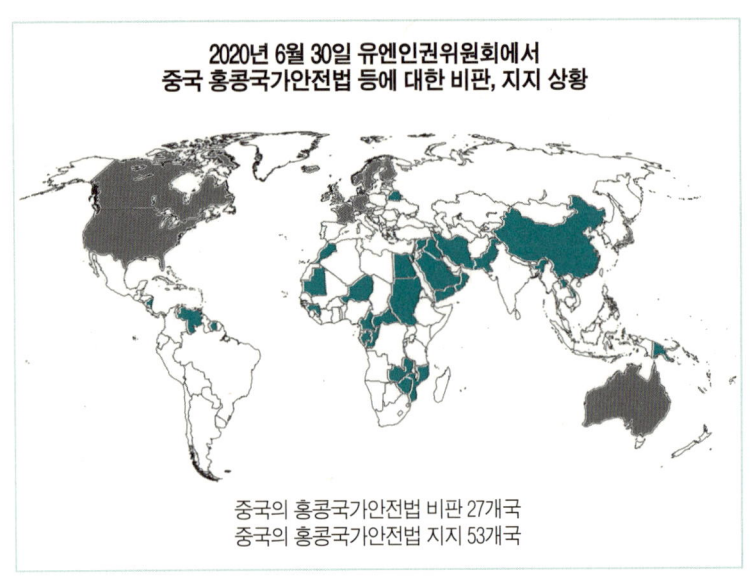

안 된다"는 주장이었다. 중국 공산당의 일에 국제사회가 간섭하지 말라는 것이다. 여기에는 53개 나라가 서명했다. 중국 비판국 27개에 비해 거의 두 배나 숫자가 많다.

위의 지도는 UN 인권위 친중과 반중 나라의 분포다. 검은색이 중국을 비판한 나라들, 즉 반중 국가이고 청록색은 중국을 지지한 나라들, 즉 친중 국가이다. 친중 국가는 아시아, 중동, 아프리카에 많다. 아시아에서는 북한, 미얀마, 캄보디아, 네팔, 파키스탄, 이란, 사우디아라비아 등이다.

인터넷 언론 〈악시오스〉의 데이브 롤러 기자는 중국을 지지한 나라들은 크게 두 가지의 특징이 있다고 분석 기사를 올렸다.[106] 첫 번째는 북한, 쿠바, 베네수엘라, 짐바브웨 등 독재국가다. 두 번째는 중국에 많은 빚을 지고 있는 나라들이다. 중국은 일대일로 정책을 하면서 아시아, 중동, 아프리카에 도로, 항만, 통신망 등 인프라 시설을 설치해줬는데, 그 비용은 모두 빚이었다. 빚은 많은데 갚을 능력은 없으니 당연히 중국 비위를 맞출 수밖에 없다.

한편 중국 비판에 동참한 나라는 주로 선진국들이다. 아시아에서는 일본과 호주, 뉴질랜드 등이고 유럽은 독일·영국·프랑스·스위스 등 서유럽 국가들, 덴마크·스웨덴·핀란드 등 북유럽 국가들, 에스토니아·슬로베니아 등 동유럽 국가들이 중국 비판에 동참했다. 북미 지역에서는 캐나다가 동참했다. 중국에 가장 비판적 태도를 보이는 미국은 이 성명에 동참하지는 않았는데, 2018년 아예 유엔 인권위원회를 탈퇴해 버렸기 때문이다.

그러나 당연히 중국의 홍콩국가안전법에 비판적이기 때문에 검은색으로 표시했다. 한편 스페인과 이탈리아, 포르투갈, 그리스 등은 다른 다수의 유럽 국가들과 달리 중국 비판에 동참하지 않았다. 아마도 중국에 진 빚이 많아서 그런 것으로 이해가 된다.

---

106 https://www.axios.com/2020/07/02/countries-supporting-china-hong-kong-law

전체적으로 보면 선진국들은 대부분 중국 비판에 동참했다.

중국이라는 전체주의 종주국의 등장은 기존 전체주의 국가들의 목소리를 높여 놓았을 뿐 아니라 새로운 독재정권이 생겨나기 더 쉬운 환경을 만들어내고 있다. 블라디미르 푸틴(Vladimir Putin)은 러시아를 다시 1인 지배 체제의 나라로 되돌려 놓았다. 그리고 우크라이나에 대한 무력 침공을 감행했다. 그러면서 경제제재에 나선 미국과 유럽 국가들을 오히려 비난하고 있다. 중국의 지지가 큰 힘이 되고 있다. 서방이 경제제재로 수출입 및 달러 거래를 차단하자 중국과의 교역을 늘려서 그 공백을 메울 수 있게 되었다. 중국이 뒤를 받쳐주는 한 서방의 경제제재도 크게 두렵지 않게 된 셈이다.

사우디아라비아도 비슷한 상황이다. 실권자인 무함마드 빈 살만은 왕족들을 감금하고 비판자를 탄압하면서 권력을 잡았다. 조 바이든 대통령은 그가 비판적 언론인 카쇼기를 암살한 공범이라며 빈 살만에 비판적 태도를 보였다. 그러자 사우디아라비아는 시진핑을 국빈으로 초대했고, 화웨이 전자기기들을 적극적으로 도입하겠다고 발표했다. 중국에 수출하는 석유의 결제 대금을 위안화로 하는 방안을 논의하고 있다는 소식도 들린다. 친척을 감금하고 비판자를 암살하는 등 미국에는 용납되지 않는 사우디아

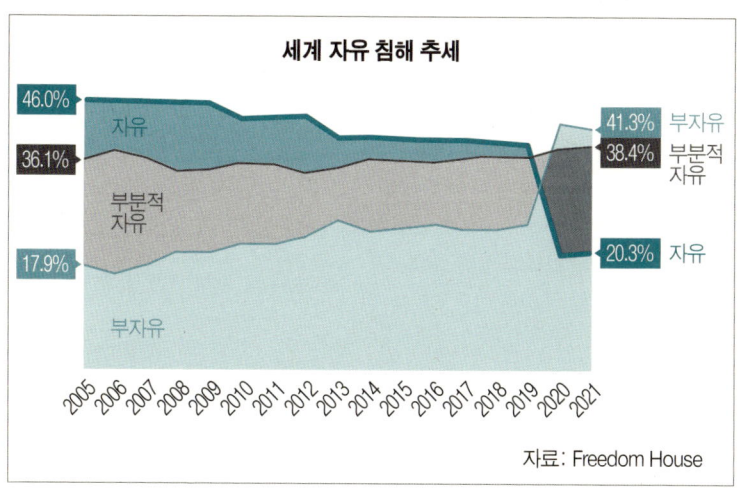

라비아 황태자의 행동이 중국에는 문제가 되지 않는다. 그들의 이익에 부합한다면 어떤 인권 탄압도 관여하지 않겠다는 것이 지금까지 중국 외교의 기조였다. 그 중국이 뒤를 봐주고 나섰으니 빈 살만 같은 사람이 통치해도 미국이 억제력을 행사하기 어렵게 된 것이다.

위의 그림은 세계적 인권 단체 프리덤하우스가 2005년부터 2021년까지 자유의 변화 상황을 평가한 결과다.[107] 진한 청록색은 전 세계 인구 중 자유를 제대로 누리고 있는 비율, 회색은 부

---

[107] https://freedomhouse.org/report/freedom-world/2022/global-expansion-authoritarian-rule

분적으로만 자유를 누리는 비중, 연한 청록색은 자유가 심각하게 침해당하고 있는 비중을 나타낸다. 진한 청록색의 비중은 2005년 46%에서 2021년 20.3%로 절반도 더 줄어든 반면 연한 청록색 부분, 자유를 심각하게 침해당하는 인구의 비중은 17.9%에서 41.3%로 2배 넘게 증가했다. 전체주의 세력이 집권한 나라들이 많아지고, 기존 정권들도 자유보다는 통제 위주로 바뀌어 가기 때문이다. 이렇게 되는 데는 전체주의 종주국인 중국의 영향을 빼놓고 생각할 수 없을 것이다.

하지만 중국도 그런 나라들과의 관계를 만듦으로써 예상치 못한 비용을 치르고 있는 것으로 보인다. 독재국가, 전체주의국가들은 대체로 거칠고 예측하기 어렵다. 금융시장에서의 신용도 역시 매우 낮다. 서방 국가들이 이런 나라들과 외교관계를 끊으면서도 별로 아쉬워하지 않는 데는 그런 이유도 작용한다. 하지만 중국은 이들을 우방으로 삼았고 투자와 차관도 상당히 제공했다. 못 믿을 나라들과의 거래인 만큼 시간이 지나면서 중국은 그 대가를 톡톡히 치르고 있다.[108]

---

[108] China's Dictatorship Diplomacy Implodes. By Zachary Keck January 11, 2014. https://thediplomat.com/2014/01/chinas-dictatorship-diplomacy-implodes/

북한과의 관계만 해도 그렇다. 중국의 시양그룹이 북한과 지하자원 채굴권 계약을 맺고 4,500만 달러를 투자했는데 2012년 빈손으로 쫓겨났다. 미얀마에서도 중국은 군부에 많은 공을 들였지만 쿠데타를 일으켰고, 미얀마 국민의 반중감정은 격렬한 반중시위로 번졌다.

더욱 큰 문제는 신흥국에 제공한 막대한 부채다. 일대일로라면서 그 나라들에 제공된 고속도로와 철도, 신도시, 통신망은 무상 원조가 아니라 대부분 고금리의 빚이었다. 그것들이 경제 붕괴, 코로나19 사태, 우크라이나 사태, 킹달러 국면을 거치면서 갚을 수 없는 악성 채무가 되어 갔다.

다음의 그림은 이런 과정을 거치면서 악성 채무가 늘어나는 과정을 보여준다.[109] 아래쪽 그림은 신흥국 부채의 신용등급 상황을 보여주는데 검은 선으로 표시된 전체 부채는 Ba2/BB 수준으로 이전보다 약간 낮아진 수준이지만 청록색 선으로 표시된 대중국 채무의 신용도는 B3/B-로 최하 수준이 되었다. 애초에 신용도가 낮은 나라들, 전체주의 독재국가들을 골라 우방으로 삼은 중국 외교 방식이 톡톡히 그 대가를 요구하고 있는 셈이다.

---

[109] https://cepr.org/voxeu/columns/chinas-overseas-lending-and-war-ukraine

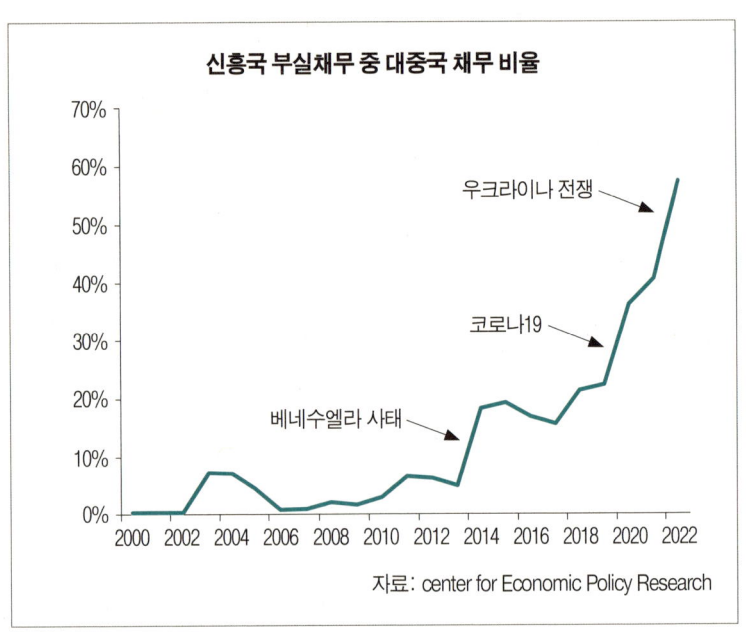

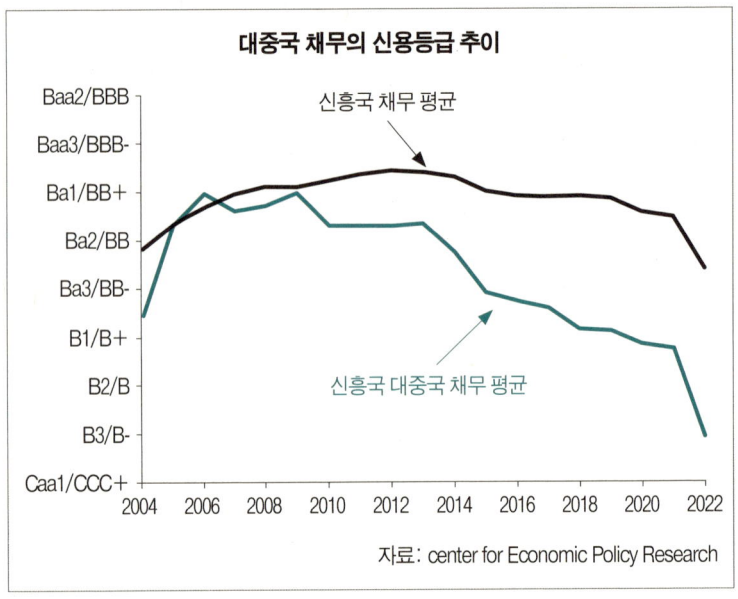

하지만 이런 모든 사정에도 불구하고 중국의 힘은 여전히 강력하다. 그 존재가 세계 곳곳에서 전체주의 독재 정권에 힘을 보태고, 새로운 전체주의 정권의 탄생을 조장하고 있다. 미국은 그것을 막겠다며, 경제제재를 동원해 왔다. 이것은 미국에 큰 부담이다. 그렇게 달러의 위력을 휘두른다면 달러를 기피하는 나라들이 늘어날 것이고, 달러의 영향력 또한 줄어들 수 있다. 하지만 그런 제재조차 가하지 않을 경우, 달러의 수명은 좀 더 연장될지 모르지만, 세상의 자유민주주의는 입지가 좁아지고, 더 많은 사람이 독재와 인권 탄압에 시달리게 된다. 길게 보면 그건 달러의 입지를 오히려 더 좁히는 선택이 될 수 있다.

제6장

흔들리는 미국, 그리고 달러의 미래

지금은 달러의 위세가 대단하지만, 머지않아 그 기세가 꺾일 수도 있다는 예측들이 심심찮게 들려온다. 2022년 6월 7일 미국의 브루킹스 연구소는 이 문제에 관한 대담 영상을 내보냈다. 큰 줄기는 달러의 위력이 예전 같지 않다는 이야기였다. 만약 달러를 대체할 더 좋은 대안이 나타난다면 인류는 곧 달러를 버리고 다른 통화로 갈아탈지도 모른다. 그러면 달러는 80년, 보기에 따라서는 100년 가까이 누려왔던 기축통화의 지위를 놓아야 할 것이다. 그런 일이 벌어질 것인가? 다른 통화가 기축통화로서 달러보다 더 나은지의 여부에 달려 있다. 이 장에서는 그것을 살펴보고자 한다.

기축통화가 되려면 여러 가지 조건을 갖춰야 한다. 첫째는 경제력과 군사력이다. 어떤 나라의 돈을 몇십 년씩 재산으로 간직하려면 그 나라가 튼튼해야 한다. 그러자면 경제력은 강해야 하고 군사적으로도 다른 나라의 침략을 견딜 수 있어야 한다. 강하고 지속 가능한 국력, 그것이 기축통화국의 첫 번째 조건이다.

둘째는 신뢰다. 정책들을 믿을 수 없다면 그 나라의 돈도 믿을 수 없다. 그런 돈은 기축통화가 될 수 없다. 정책은 가급적 일관되어야 하고, 법치주의가 분명히 서 있어야 한다. 그런 면에서 개별 국민의 기본권을 철저히 보장하는 자유민주주의 국가가 기축통화국 지위에서 우위에 있다.

셋째는 성숙한 자본시장이다. 기축통화는 언제든 환전이 가능해야 하고, 예금 출금이 자유로워야 한다. 자본 자유화, 은행 자유화가 필수적이다. 미국의 금융시장은 세계에서 가장 자유로운 쪽에 속한다. 다른 나라가 기축통화국이 되길 원한다면 최소한 이 조건을 갖춰야 하는 것이다. 그리고 거래 규모가 커서 환율의 변동 폭이 가급적 작아야 한다.

마지막으로 무역적자 또는 경상수지 적자를 감수할 의지이다. 기축통화국이 되면 세상의 모든 나라가 그 돈을 쓰고 보유한다는 의미이다. 그러자면 그 돈이 퍼져 나가야 하는데, 공짜로 돈을 뿌리거나 또는 그 돈을 내고 다른 나라의 물건을 사줘야 한다. 수출보다 수입이 많아야 한다는 의미로 경상수지 적자를 오랫동안 감수해야 한다는 말이다. 이런 조건을 갖춘 통화가 나타난다면 기축통화로서 달러의 자리는 흔들릴 수 있다. 그런 경쟁자가 있는지, 그것을 따져 보려고 한다.

도전자 1: 위안화

가장 강력한 도전자는 중국의 위안화이다. 중국은 달러가 기축통화인 현 체제를 매우 싫어한다. 여러 가지 이유가 있겠지만 가장 중요한 것은 경제제재에 대한 우려 때문일 것이다. 특히 미국과 유럽이 러시아에 경제제재를 가하는 것을 보고 더욱 그런 생각이 강해졌을 것이다. 우크라이나 침공 이후 러시아가 받는 제재 중 가장 치명적인 것을 꼽으라면 미국과 유럽 은행들에 분산 예치해 놓은 외환보유고가 동결된 것, 그리고 은행 간 국제송금망인 스위프트에서 축출당한 것일 텐데, 모두 달러와 유로를 쓰기 때문에 벌어진 일이다. 캐나다에서 억류된 화웨이 런정페이(任正非) 회장의 딸 멍원조우 사태에서 절실하게 느꼈을 것이다.[110] 그에 관한 정보는 달러 거래에 대한 조사에서 드러났을 게 분명하다.

시진핑이 공언해 온 대로 대만 침공을 실행할 경우 똑같은 일이 벌어질 것이 분명하다. 중국이 보유한 1조 달러 상당의 미국 국채는 동결될 것이고 스위프트에서도 배제될 것이다.

중국 돈이 기축통화가 된다면 미국의 제재를 걱정할 필요가 없다. 무력을 동원해서라도 대만을 합병해야 하는 상황에서 위안화를 기축통화로 만드는 일은 매우 중요하다.

기축통화국이 된다면 미국처럼 부도 걱정 없이 국채를 발행할 수 있을지도 모른다. 2022년 중국의 전체 부채 비율은 GDP의 295%이다.[111] 2019년엔 247%였는데[112] 코로나19를 겪으면서 무려 48%나 늘었다. 달러 강세 상황에서도 금리를 오히려 내릴 수밖에 없는 이유는 높은 부채 비율 때문이다. 중국 당국은 기축통

---

[110] E. L.-C. Lai, One Currency, Two Markets: China's Attempt to Internationalize the Renminbi.
https://www.cambridgeblog.org/2021/09/one-currency-two-markets-chinas-attempt-to-internationalize-the-renminbi/
[111] https://asia.nikkei.com/Business/Markets/China-debt-crunch/China-s-debt-ratio-hits-record-high-at-3-times-GDP
[112] https://www.dailyfx.com/usd-jpy/china-s-debt-to-gdp-ratio-climbs-as-beijing-maintains-unproductive-investment.html

화국이 되면 그런 걱정은 덜 해도 될 거라는 기대를 할 수 있다.

실제로 미국은 국가부채 비율을 크게 걱정하지 않고 국채를 발행한다. 미국이 빌린 돈을 떼어먹을 리 없다고 투자자들이 믿기 때문이다. 위안화의 유통이 늘어난다고 해서 투자자들이 중국 국채를 과연 그렇게 믿어줄지 알 수 없지만 최소한 위안화 국제화를 추진하는 세력은 그렇게 될 것을 기대할 수 있다. 이런 이유들 때문에 어떻게든 자국 통화인 위안화를 달러처럼 국제통화, 기축통화의 위치로 올려놓고 싶을 것이다.

하지만 전 세계 외환보유고 중 중국 위안화의 비중은 2.76%(2022년 3분기)[113]에 불과하다. 무역 결제에서의 비중은 1.9%이다.[114] 2008년 이전에 비해 약간 높아지긴 했지만, 국제통화라고 부르기에는 한참 모자란다.

경제 규모만 놓고 보면 중국은 약이 오를 만하다. GDP 기준으로 미국이 세계의 24.4%, 중국이 15.4%이다. 국제무역 규모에서는 중국이 오히려 미국을 추월한 지 꽤 오래됐다. 예를 들어 2018년 중국의 수출입 총액은 4.6조 달러인데 미국은 4.3조 달러이다.[115]

---

[113] https://data.imf.org/?sk=E6A5F467-C14B-4AA8-9F6D-5A09EC4E62A4
[114] https://chinapower.csis.org/china-renminbi-rmb-internationalization/
[115] https://chinapower.csis.org/trade-partner/

특히 수출만 보면 중국이 2.5조 달러, 미국이 1.7조 달러로 더욱 차이가 크다. 글로벌 시장에서는 중국 제품이 가장 많이 팔리는데 정작 계산은 미국 달러로 하고 있으니 중국이 불만을 가질만도 하다.

중국이 달러의 독점적 지위에 대해 본격적으로 불만을 제기하기 시작한 것은 2008년 이후부터다. 세계가 미국발 글로벌 금융위기에 허덕이던 2009년 4월, G20 정상회의에서 후진타오(胡錦濤) 주석은 국제통화의 다원화가 필요함을 강조했다. 러시아의 푸틴 대통령도 이에 동조했다. 미국 오바마 대통령이 발끈하긴 했지만, 사실 미국 때문에 세계가 글로벌 금융위기를 겪어야 했으니 별로 할 말도 없는 상황이었다.

독일《슈피겔》의 보도에 따르면 2000년대 초 어떤 중국인 경제학자가 후진타오에게 세계 패권국이 되려면 기축통화국이 될 필요가 있음을 설득한 후, 위안화의 국제화 정책이 본격화되었다고 하는데,[116] 얼마나 믿어야 할지 모르겠다. 그것의 사실 여부

---

[116] China Plans Path to Economic Hegemony, by Von Wieland Wagner, Spiegel, 2011.01.26.
https://www.spiegel.de/international/business/exchange-rates-and-reserve-currencies-china-plans-path-to-economic-hegemony-a-741303.html

와는 무관하게 달러에 대한 위안화의 도전이 본격화된 것은 분명하다.

달러 패권을 비판하면서 중국이 제안했던 것은 IMF 특별인출권의 역할 확대였다. 달러가 세계 중앙은행들의 외환보유고에서 대부분을 차지해 왔는데, 그 역할을 IMF 특별인출권으로 대체하자는 말이었다. 특별인출권(SDR: Special Drawing Right)이란 브레튼우즈 체제하의 고정환율제를 뒷받침하기 위해 만들어진 장치이다. 이 체제에 의해 결정된 고정환율이 시장가치로부터 많이 괴리될 경우 SDR을 빌려다 문제를 해결하라는 것이었다. 처음에 1SDR은 금 0.888671그램에 해당하는 가치로 책정되었는데 이는 미국 달러와 동일한 가치였다. 금 1온스는 35달러로 고정되었는데, 1온스(troy ounce)가 31.105그램이니까 1달러는 금 0.8887그램에 해당했다. 1973년 금 태환 제도가 붕괴된 이후 SDR은 주요 회원국 통화를 평균한 값으로 정의되었지만 별 역할을 하지 못했다.[117] 세계 중앙은행들의 외환보유액은 여전히 달러 자산이 대부분을 차지했다.

중국은 SDR이 외환보유액에서 달러를 대체해야 한다고 주장

---

117 https://www.imf.org/en/About/Factsheets/Sheets/2016/08/01/14/51/Special-Drawing-Right-SDR

하기 시작했다. 그 덕분인지 위안화는 IMF의 통화바스켓에 일본과 비슷한 비중으로 편입되었다. 하지만 그것이 끝이었다. 특별인출권이 국제통화가 되기 어렵다는 사실은 IMF 자체도 인정해왔다. 어떤 중앙은행이 이것을 보유했더라도 실제 사용하려면 결국 달러와 교환해야 하기 때문이다. 이런 사실을 후진타오나 중국의 관련 전문가들이 모를 리 없었을 것이다. 그런데도 SDR을 띄운 이유는 달러 패권에 대한 불만 제기 차원의 제스처였다고 봐야 할 것이다.

중국이 궁극적으로 원했던 것은 위안화의 국제화였다. 실제로 중국은 그것을 위해 많은 노력을 쏟아부었다. 2009년, 중국은 2020년까지 상하이를 국제금융 허브로 올려놓는다는 비전을 발표했다. 이를 위해 자본 자유화도 적극 추진하겠다고 했다. 2012년부터는 일대일로 정책도 가세했다. 전 세계를 중국의 인프라와 중국의 자본으로 넘쳐나게 하려는 야심적 프로젝트였다. 중국 돈의 위상을 높이는 계획도 당연히 포함되었다. 다른 나라들과 통화스와프도 확대해 갔다. 2020년 3월 기준 중국과 이 협정을 맺은 나라는 33개국으로 세계에서 가장 많다.[118] 한국도

---

[118] https://chinapower.csis.org/china-renminbi-rmb-internationalization/

2016년 한중 통화스와프 협정을 맺었다. 미국과 통화스와프를 맺은 나라는 14개국이었다.

중국 위안 국제화 추진 일지

시기	내용
2008. 12	한중 통화스와프 계약 체결
2010. 11	러시아 루블화 위안 직거래 시작
2012. 06	엔 위안화 직거래 시작
2013. 06	영국과 통화스와프 계약 체결
2013. 10	유럽중앙은행과 통화스와프 계약 체결
2015. 10	런던에서 첫 국외 국채 발행 독일에 위안화 상품거래소 설립
2015. 11	IMF, SDR 통화바스켓에 위안화 편입 결정

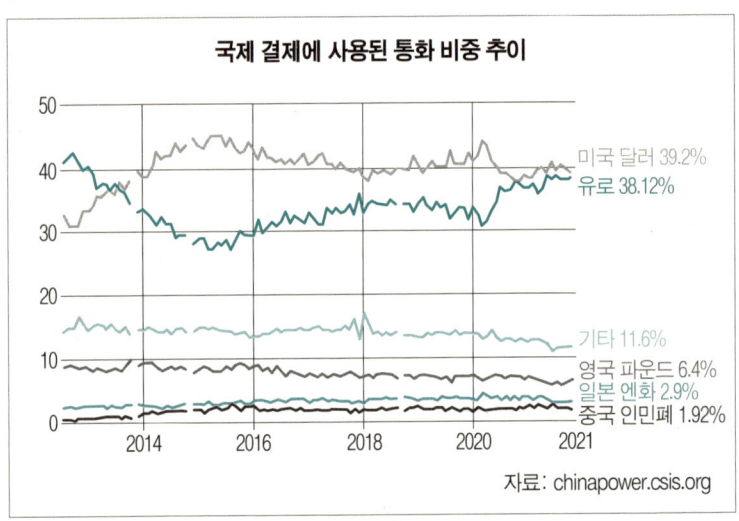

이 과정을 거치면서 중국 돈의 위상이 높아지긴 했다. 전 세계 외환보유고 중 비중은 2012년 0.5%에서 2022년(3분기) 2.76%로 5배 넘게 증가했다.[119] 외환거래에서의 비중은 2013년 2.2%에서 2019년 4.3%로 2배 가까이 늘었다.[120] 하지만 국제 결제에 사용된 비중은 1.9%에 머물고 있다. 10년 전에 비해 위상이 높아진 것이 사실지만 국제통화라고 부르기에는 많이 모자란다. 찻잔 속의 태풍에 비유할 수 있을 것 같다.

위안화 국제화의 성과가 미진한 데는 크게 두 가지 원인이 작용한 것으로 보인다. 첫째, 중국 당국이 금융에 대한 통제를 포기하지 못하기 때문이다. 위안화가 나라 밖에서도 널리 퍼지려면 세계의 누구라도 쉽게 위안화를 사고팔 수 있어야 한다. 그것은 자본 자유화를 말한다. 누구든 환전에 제한이 없어야 하고 은행들도 자유롭게 영업할 수 있어야 한다. 외국인의 투자도 자유화되어야 한다.[121] 그러나 중국의 상황과는 매우 거리가 멀다. 대형 은행들은 대부분 국영이고, 당국의 간섭으로 일반인들의 외국 송

---

[119] https://data.imf.org/?sk=E6A5F467-C14B-4AA8-9F6D-5A09EC4E62A4
[120] https://chinapower.csis.org/china-renminbi-rmb-internationalization/
[121] https://www.centralbanking.com/central-banks/currency/7860946/chinas-capital-controls-here-to-stay

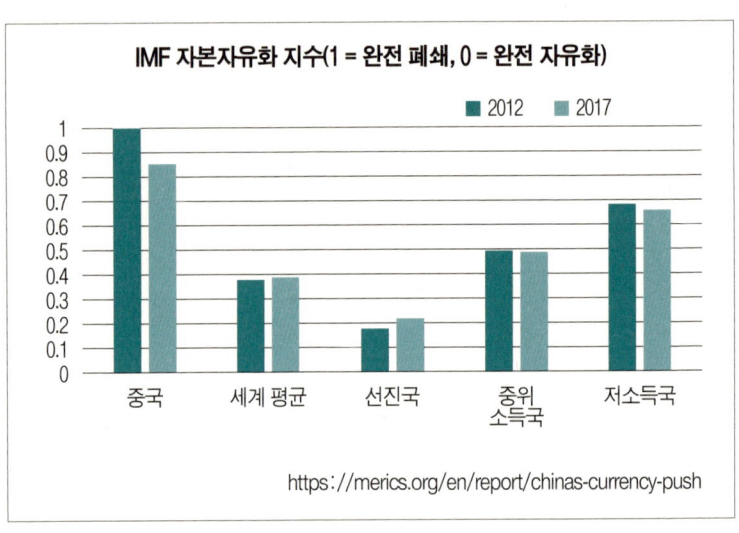

금도 쉽지 않다. 외국 자본은 중국 기업의 지분을 살 수 없다. 월 스트리트 자본의 중국 투자는 대부분 간접적인 방식을 통할 수밖에 없다.

2015년 무렵까지는 중국도 자본 자유화를 꽤 적극적으로 추진하고 있었다. 그러다 그해에 증시 대폭락 사태를 겪으면서 통제 강화로 회귀했다.[122] 2017년 IMF가 세계 여러 나라를 대상으로 자본 자유화 지수를 발표했는데, 중국은 통제가 가장 심한 나라

---

[122] https://www.centralbanking.com/central-banks/currency/7860946/chinas-capital-controls-here-to-stay

인 것으로 드러났다.[123] 2012년에 비해 약간 나아지긴 했지만 그래도 여전히 가장 통제가 심한 상태다. 그런 중국의 돈을 비축해 놓기 원하는 사람은 많지 않을 것이다.

둘째, 위안화의 국제화를 막는 또 다른 원인은 수출에 대한 집착이다. 기축통화국은 숙명적으로 수입이 수출보다 많게 되어 있다. 자국 통화의 가치가 높아지는 만큼 수입 가격은 낮아지고 수출 가격은 오른다. 수입은 늘고 수출은 줄어든다. 그래야 기축통화국의 돈이 밖으로 흘러 나가서 다른 나라 사람들이 그 돈을 쓸 수 있다. 미국의 상시적 경상수지 적자는 그런 원리가 작용한 결과다. 위안화가 국제통화로 쓰이게 된다면 중국 역시 수출보다 수입이 많아지게 된다. 문제는 중국이 이런 상태를 원하지 않는다는 사실이다.

중국은 수출을 많이 해서 산업을 키우기를 원한다. 특히 제조업을 세계 최고 수준으로 키우기를 원한다. '중국제조 2025'라는 프로젝트는 그런 이유로 시작되었다. 그래야 일자리를 늘릴 수가 있다. 반면 수입은 가급적 줄여서 자급자족, '자력갱생'하는 나라를 만들고 싶어 한다. 하지만 기축통화국은 그렇게 될 수 없다.

---

[123] https://merics.org/en/report/chinas-currency-push

위안화를 국제화하겠다면서 수출에 집착하는 것은 앞뒤가 맞지 않는다. 이런 정책이 계속되는 한 중국 돈은 국제통화가 될 수 없는 것이다.

이와 관련해서 중국인민대학 향송조(向松祚) 교수의 진단은 주목할 만하다.[124] 그는 위안화 환전이 자유화될 경우 중국 돈은 아시아 외환위기 때 태국 바트화나 한국 원화가 그랬듯 투기 세력의 타깃이 될 것으로 봤다. 중국의 발전을 위해 외환 자유화가 필요하지만 지금 시작한다 해도 최소한 15년이 소요된다고 한다. 그 밖에도 저임금 산업의 질적 개선, 내수 확대, 투명하고 공정한 금융시스템 등이 꼭 필요하다. 즉 현재의 국가자본주의에서 시장경제로 전환하지 않는 한 국제화는 어렵다는 것이다.

한편 디지털 위안화가 달러 패권 해체에 새로운 계기가 될 거라는 관측들은 그리 설득력이 높아 보이지 않는다. 디지털 위안화는 크레딧 카드 또는 현금 카드와 비슷하다. 그런데 이 돈을 사용하려면 디지털 지갑이라는 앱을 내 스마트폰에 설치해야 하며,

---

[124] China Plans Path to Economic Hegemony, by Von Wieland Wagner 26.01.2011.
https://www.spiegel.de/international/business/exchange-rates-and-reserve-currencies-china-plans-path-to-economic-hegemony-a-741303.html

그것은 중국 통화 당국, 즉 중국 공산당이 아무 때나 들여다볼 수 있다. 여러분은 그런 돈을 쓰고 싶은가? 나는 쓰고 싶지 않다. 디지털 위안화는 기존의 지폐 위안화보다 더욱 꺼려진다. 필자만의 우려는 아닐 것으로 생각한다.

알리바바, 텐센트 등이 제공하는 중국의 모바일 결제 시스템은 이미 상당히 국제화되어 있다. 예를 들어 마윈의 앤트그룹 전자결제 시스템은 중국 국내를 넘어 인도, 태국, 필리핀, 말레이시아, 파키스탄, 인도네시아 등으로 진출해 '알리페이 플러스' 생태계를 형성했다.

하지만 그것이 위안화의 국제화로 이어지진 않았다. 쓰기 편한 돈을 공급한다는 것과 그 돈을 국제통화로 만드는 것은 별개의 문제다. 항상 감시당할 위험이 있는 한 디지털 위안화는 지폐 위안화보다 더 국내용으로만 머물 것으로 전망한다.

그러나 러시아, 사우디아라비아 등 중동 국가와의 밀착은 위안화의 위상에 긍정적 영향을 줄 것으로 보인다. 이전까지 이 나라들 사이의 수출입은 대부분 달러로 이뤄졌다. 앞으로 사우디아라비아가 중국에의 석유 수출대금을 위안화로 받고, 그 돈을 다시 중국으로부터의 상품 수입대금 결제에 쓴다면 위안화 사용량은 늘어날 수 있을 것이다.

러시아와의 교역에서 위안화 사용이 증가하는 추세다. 그러나 이것이 다른 나라들에도 영향을 미치게 될지는 미지수이다. 과거에도 브라질과 중국이 상호 무역에서 위안화를 쓰겠다고 선언한 적이 있는데 실제 효과는 별로 없었다.

도전자 2: 유로

유로는 1999년에 탄생했고, 2001년부터 본격적으로 사용되었다. 독일, 프랑스, 이탈리아, 스페인 등 유로존 국가들이 뜻을 모아 만든 화폐다. 그 이전에는 독일은 마르크, 프랑스는 프랑, 이탈리아는 리라화 등 나라마다 독자적인 화폐를 가지고 있었다. 유로의 탄생은 오랫동안 협의와 양보를 거친 결과다.

저마다 개성이 다른 여러 나라가 단일 통화에 합의를 본 데는 달러의 위세에 대한 반감이 상당히 작용했다. 프랑스 대통령이던 발레리 지스카르 데스탱(Valery Giscard dEstaing)이 달러가 '엄청난 특권'을 누리고 있다며 비꼰 데는 달러 패권을 고까워하는 유럽인들의 시선이 짙게 배어 있다. 또 역내 국가들끼리의 교역

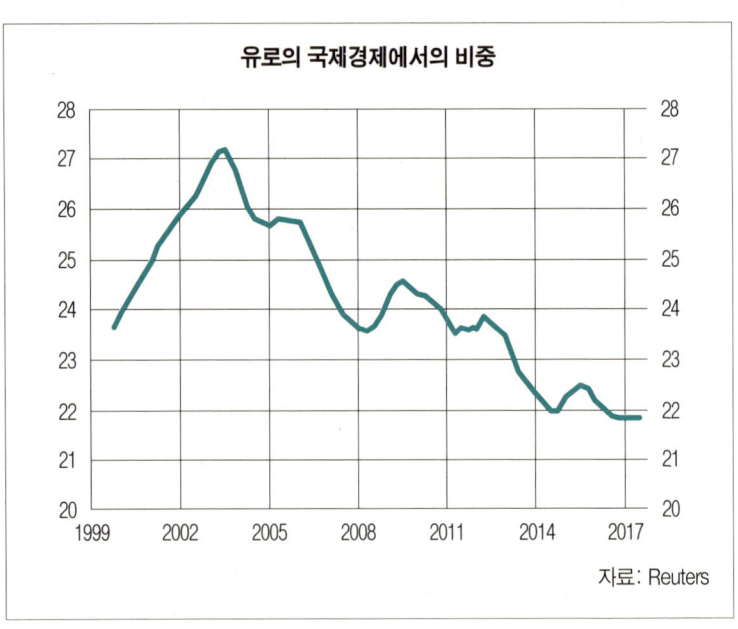

을 원활히 하고 싶다는 열망도 크게 작용했다.

유로는 출범 초기에 국제경제에서의 비중이 급격히 늘어났다.[125] 유로존 회원국들끼리의 역내 교역이 빠른 속도로 증가한 덕분이다. 하지만 2003~2004년을 고비로 더 이상 상황은 좋아지지 않았다.

유로의 약점은 남유럽 국가들이다. 이들의 일단 쓰고 보자는

---

[125] https://www.reuters.com/article/us-global-euro-dollar-analysis-idUSKBN22X1OM

식의 태도가 국가부채를 늘리고, 국제적 자금 압박 상황이 닥칠 때마다 그것이 문제를 일으킨다. 여러 나라들이 모여 단일 통화를 가지려면 회원국 모두가 어느 정도 주권을 양보해야 한다. 어느 한 회원국이라도 국가부도를 낸다면 단일 통화권은 유지될 수 없다. 그래서 마스트리흐트조약에서 모든 회원국이 재정적자는 GDP의 3%, 국가채무는 GDP의 60%를 초과하지 않는다는 조항에 서명했다. 서로 허리띠를 졸라매자는 합의였다.

북유럽 국가들은 원래도 돈을 아끼는 것이 습관화되어 있었고, 이 합의에도 진심이었다. 그중 특히 검소한 4인방으로 알려진 오스트리아, 네덜란드, 덴마크, 스웨덴이 그랬다. 하지만 그리스, 이탈리아, 스페인, 포르투갈 등 남유럽의 나라들은 성향이 매우 달랐다. 나라의 미래가 어떻게 되든 일단 쓰고 보자는 태도를 보였고, 그러다 보니 국가부채도 많아졌다.

이런 차이는 2011년 대형 사고를 불러오고 말았다. 이때도 문제는 돈의 밀물과 썰물이었다.

2008년 국제금융위기를 해결한다며 미국 연준과 유럽중앙은행 ECB가 마구 돈을 풀었고, 원래 빚이 많던 이 나라들은 더 많은 빚을 지게 되었다. 그러던 중 작은 나라 아이슬란드가 부도 위기에 처했고, 곧 빚 많은 그리스로 옮겨 갔다. 빚을 얻어 빚을 갚는 돌려막기 상태에 있었는데, 신용경색으로 국채 금리가 급등하자 더 이상 돌려막기도 불가능해졌다.

위기의 불길은 이탈리아, 스페인, 포르투갈 등 비슷한 처지의 다른 나라들로 계속 옮겨 붙었다. 이때의 집단 부도 위기를 유럽 부채 위기가 부르며, 문제의 나라들은 PIIGS(Portugal, Italy, Ireland, Greece, Spain)라고 부르게 되었다. 사태를 방치하면 유로가 해체될 수밖에 없는 지경이었다. 결국 중앙은행인 ECB와 유로의 실질적 주인인 독일과 프랑스가 사태 해결에 나섰다. 이 나라들의 빚을 나누어 갚는 내용이다. 남쪽 지중해 연안 국가들의 빚을 나주어 갚아야 하는 검소한 4인방의 입장에서는 억울하고 약 오르기 짝이 없을 것이다. 그래도 유로를 유지하자니 어쩔 수 없는 일이다. 급한 불은 그렇게 껐지만 문제의 근원, 즉 남유럽 국가들의 방만한 재정 운영 성향은 여전히 언제 다시 터질지 모르는 화약고로 남아 있다. 그런 상태에서 유로화의 경쟁력이 높아질 리 없다.

2017년 도널드 트럼프가 미국 대통령이 된 후 우방국에까지 안하무인으로 행동하게 되자, 달러의 대안으로 유로에 대한 관심은 다시 높아졌다. 그런데 킹달러 사태를 맞아 또다시 유로화의 고질적 문제가 불거졌다. 이번에는 이탈리아가 문제로 등장했다.

회원국 중 독일, 프랑스에 이어 세 번째로 큰 이탈리아의 부채가 통제 불능 상태로 커지고 있기 때문이다. 국가부도라도 난다면 돈을 빌려준 독일과 프랑스의 대형 은행들도 덩달아 파국을 맞을 수 있다.

이탈리아를 위기로 몰아넣고 있는 직접적 원인은 국채 수익률의 급등이다. 2022년 초 0.8% 수준이었는데 11월 말에 3.8%로 높아졌다. 새 국채를 발행해서 기존 국채를 상환해오던 나라에서 금리가 이렇게 오르니 가만히 있어도 부채가 더 늘어나게 생겼다. 국가부채비율을 현재의 150%로 유지하려 해도 정부 지출을 줄여서 빚 갚는 데 써야 한다. 블룸버그의 계산에 따르면 GDP의 3%에 상당하는 재정 흑자를 내야 빚을 더 늘리지 않을 수 있다고 한다.[126]

빚 얻어서 쓰는 데 익숙한 사람들로서는 매우 어려운 일이다. 2021년에는 오히려 지출이 수입보다 많아서 재정 적자가 1.8%였다. 그러니까 GDP의 4.5%에 해당하는 만큼의 지출을 줄여야 하는 셈이다. 이탈리아 사람들이 그 고통을 받아들일 것 같지 않다.

---

[126] What Happens If Italy Slides Toward Default? D. Powell and J. Rush. 2022.11.17.
https://www.bloomberg.com/news/articles/2022-11-16/what-happens-if-italy-slides-toward-default?sref=9fHdl3GV

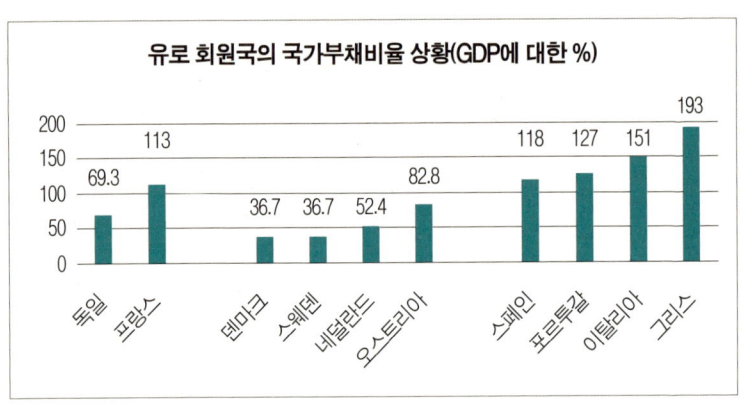

게다가 집권한 정당은 무솔리니의 계보를 잇는다는 사람들이다. 10년 전에 국가부도 사태에 이르렀던 그리스 역시 사정이 만만치 않다.[127] ECB가 분열 방지 대책이라는 것을 내놓겠다고 하지만 남유럽 사람들의 성향이 바뀌지 않는 한 그리 희망이 있어 보이지 않는다.

상황이 이러하니 유럽중앙은행은 기준금리도 올릴 수가 없다. 미국 연준의 기준금리는 4.75%인데 ECB는 3.25%이다(2023년 3월 10일 현재). 그나마 많이 올렸다는 게 그렇다. 더 올린다면 이탈리아, 그리스에 어떤 일이 벌어질지 알 수 없다.

---

[127] https://www.wsj.com/livecoverage/stock-market-news-today-25-7-22/card/investors-focus-on-italy-s-political-crisis-pushing-yields-on-greek-bonds-below-italian-bonds-qgyVVNvOy6mbzNsVaCZb

그렇지 않아도 이탈리아의 정치가 심상치 않다. 합리적인 드라기 총리가 물러간 자리를 무솔리니를 잇는 듯한 정당, '이탈리아의 형제들'이 차지했다. 당수인 조르자 멜로니가 이탈리아의 현재 총리다. 인접 국가들로서는 썩 반가운 일이 아니다. 사정이 더 악화된다면 어떤 일이 벌어질지 모른다. 영국이 그랬던 것처럼 이 나라도 유로존을 탈퇴할지 모른다.

이탈리아 내에서는 유로존을 탈퇴해서 독자적인 통화정책을 펴자는 여론들이 심심찮게 터져 나오곤 했다. 이탈리아가 빠져나간다면 유로는 흔들릴 수밖에 없다. EU라는 국가연합체도 존속을 장담할 수 없다. 영국이 빠진 데다 이탈리아까지 나간다면 독일과 프랑스만 남는 셈이니 말이다. 킹달러 때문에 유로의 약세가 심각한 데도 유럽중앙은행 ECB가 금리인상을 주저하는 이유가 여기에 있다.

상황이 이렇다 보니 유로의 앞날은 매우 불투명하다. 미국과의 금리 격차는 더욱 커진다. 달러에 대한 유로의 가치가 바닥을 맴도는 데는 그만한 이유가 있다. 이런 이유로 유로는 이제 달러를 대체할 기축통화 후보에서 탈락했다고 보는 것이 좋을 것 같다.

도전자 3: 금

    금은 오랫동안 세계의 기축통화 역할을 해왔다. 제2차 세계대전이 끝날 때까지 100년 동안 통화 패권을 누리던 영국의 파운드도 금본위제로 운영되었다. 즉 종이돈을 가져오면 금으로 바꿀 수 있었다. 파운드는 사실상 금이었던 셈이다. 1944년 브레튼우즈 체제와 함께 기축통화가 된 달러도 금본위제 화폐였다. 1온스당 35달러라는 교환 비율은 1971년까지 유지되었다. 그때까지 세계의 기축통화는 사실상 금이었던 셈이다.

    영국 경제지 〈이코노미스트〉는 2022년 12월 1일 자 호에서 최근 금 사재기에 나서는 중앙은행들이 많다는 기사를 내보냈다.[128] 그해 연초부터 9월까지 중앙은행들이 매입한 금이 670톤에 달한다고 한다. 튀르키예, 인도, 카타르 같은 나라들이 주 고객이다.

  이것은 두 가지 이유 때문이라고 하는데, 첫째는 미국채에 대한 실망이다. 세계의 중앙은행들이 외환보유고를 쌓을 때 가장 선호하는 대상이 미국 연방정부 발행 국채다. 떼일 염려가 거의 없는 데다가 매년 꼬박꼬박 이자도 지급하므로 달러 현금보다 더 좋은 투자 대상이다. 게다가 그 가치도 상당히 안정적이었다. 그런데 2022년 초부터 연준발 고금리가 시작되면서 미국채의 시장 가격이 곤두박질쳤다. 미국채도 안심만 할 수 없다는 인식이 생기면서 다른 투자 대상, 금에 대한 수요가 생겨났다.

  하지만 이것만으로는 금을 사들이는 나라가 주로 튀르키예 등 러시아 주변 국가라는 사실을 설명할 수 없다. 이들이 금을 사 모으는 중요한 이유는 미국 주도의 경제제재에 대응하기 위함이다. 이들은 영국, 프랑스, 독일 등 서방의 은행에 쌓아 놓은 러시아의 외환보유고가 단번에 동결 당하는 것을 목격했다. 스위프트 거래망에서 축출되어 달러나 유로 거래를 못 하게 된 것이다. 언제 이

---

[128] https://www.economist.com/finance-and-economics/2022/12/01/why-central-banks-are-stockpiling-gold

런 일을 당할지 알 수 없는 나라들의 입장에서는 대응책을 마련하는 것이 자연스럽다. 그 수단이 금이다. 실제로 달러를 쓸 수 없게 된 러시아는 주변 국가들과 무역에서 금을 사용하는 것으로 알려졌다.

중국, 러시아, 튀르키예 등 반미 성향이 강한 나라들은 오래전부터 금 비축량을 늘려왔다. 러시아는 2008년 500톤 미만이던 금 보유량을 2020년 2,300톤으로 늘렸다. 금액으로는 1,400억 달러 수준이다. 공식적으로는 그 수준이 계속 유지되는 것으로 되어 있지만 이제는 러시아의 통계를 믿을 수 없으니 얼마나 더 늘었는지는 알 수 없다. 중국도 2000년 500톤 미만에서 2020년 1,948톤으로 늘어났다. 튀르키예는 2016년까지 100톤 수준에서 2022년 500톤으로 늘렸다. 모두 전체주의 정권, 반미 색채가 강한 정권이 들어선 나라들이다. 미국으로부터의 경제제재에 대비해서 달러 없이도 살아갈 준비를 해 놓은 것이라고 해석할 수 있다.

사실 제재가 완벽하게 작동하면 금도 별 소용이 없어진다. 금은 그 자체로 돈이 아니기 때문에 어딘가에 쓰려고 하면 화폐로 바꿔야 한다. 특히 달러나 유로로의 교환이 필요하다. 하지만 제재 리스트에 오른 나라의 금은 누구도 사고 싶어 하지 않는다. 러시아에 대한 경제제재 시작과 더불어 런던 금 거래소는 러시아

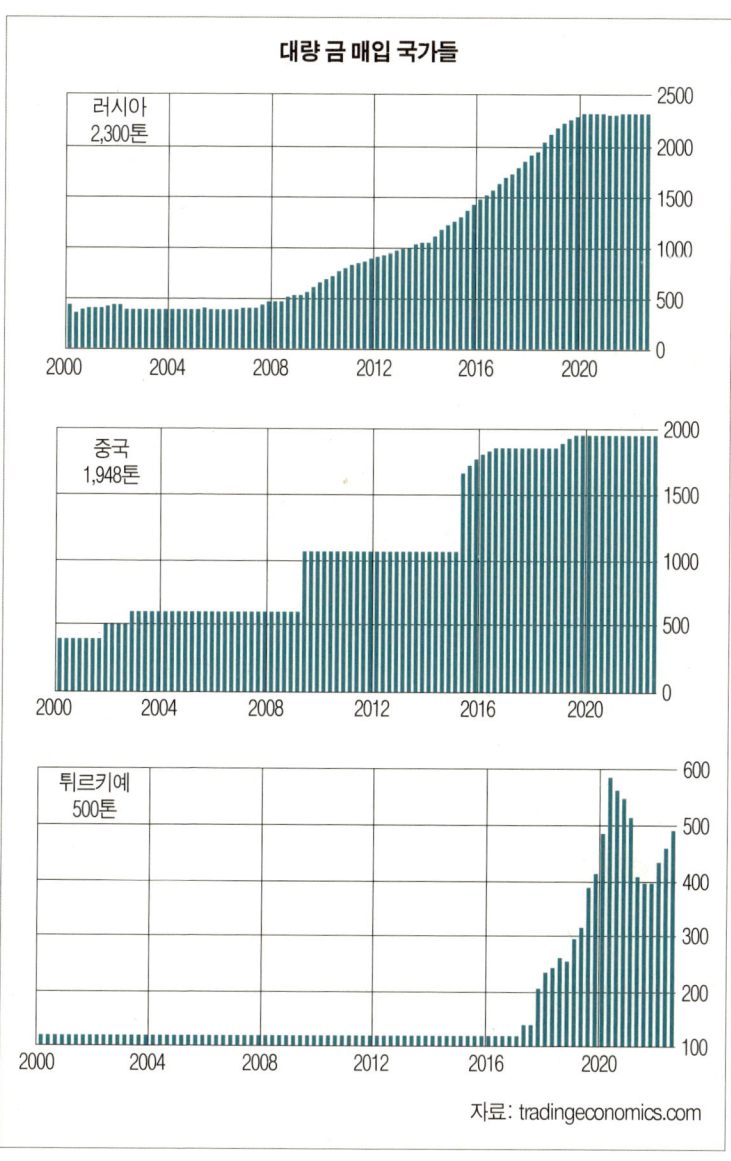

금 거래업자들을 거래 대상에서 축출했다. 누군가 몰래 거래하다 적발된다면 미국으로부터 세컨더리 제재를 받을 수 있다. 상하이 금 거래소 같은 곳에서 싼값에 매각할 가능성도 있는데 그것도 소량 매매만 가능하다고 한다.[129]

2021년 키르기스스탄이 제재 대상에 올라 금 거래를 못 하게 되자 이 나라의 한 금 제련업자는 스위스의 제련업체에 대신 자기네 금을 제련해서 팔아달라는 요청을 했다고 한다. 물론 거절 당했다. 베네수엘라는 마두로 정권에 대한 제재로 인해 영란은행에 예치해 놓은 골드바 31kg을 실질적으로 압류당한 상태다. 이처럼 금은 쌓아두더라도 제재가 시작되면 사용하기가 쉽지 않다. 하지만 그래도 없는 것보다는 낫다고 생각해서 전체주의 국가들, 신흥국들 중 금을 사들이는 곳이 많아지고 있다.

금 매입량이 늘어난다고 해서 금본위제로 돌아갈 가능성은 매우 희박하다. 물론 최소한 이론적으로는 비축자산으로서 달러의 위상이 축소될 여지는 있다. 하지만 지금까지의 흐름을 보면 금이 달러의 위상을 흔들지 못했고, 앞으로도 그럴 것으로 보인다.

중앙은행 중에서는 미국 연준 보유물량이 8,134톤으로 세계에

---

[129] https://www.bloomberg.com/news/articles/2022-03-16/the-140-billion-question-can-russia-sell-its-huge-gold-pile?sref=9fHdl3GV

참고자료: 금 이야기

2019년 말 현재 지구상에 존재하는 채굴된 금의 총량은 197,576톤, 반올림하면 20만 톤이다. 다음 그림에서 볼 수 있듯이 정육면체로 만들면 각 변이 21.7미터가 된다. 아파트 한 층의 높이가 2.7~2.8미터이므로 8층 아파트 정도에 해당한다. 전 세계 금을 모두 모은다 해도 8층 높이 정도라니 생각보다는 작다. 이 숫자는 인류가 지금까지 채굴한 금의 총량을 추정 합산한 결과다.

20만 톤 중에서 반지, 목걸이 등 장신구로 쓰이는 금은 9.3만 톤으로 47%를 차지한다. ETF 등 투자용으로 보관된 금은 4.3만 톤 정도로 21.6%이다. 그다음 큰 항목은 세계의 중앙은행들이 보유하고 있는 것으로 3.4만 톤이고 금 총량 중 17.2%를 차지한다. 나머지 2.8만 톤은 산업용 등 다양한 용도로 사용되고 있다.

세계 금 부존량

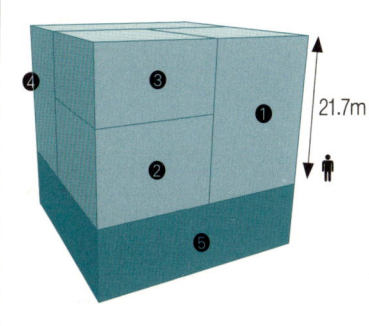

	수량 (톤)	비중 (%)
1. 장신구	92,947	47
2. 개인 투자	42,619	21.6
3. 정부 보유	33,919	17.2
4. 기타	28,090	14.2
5. 매장량	54,000	

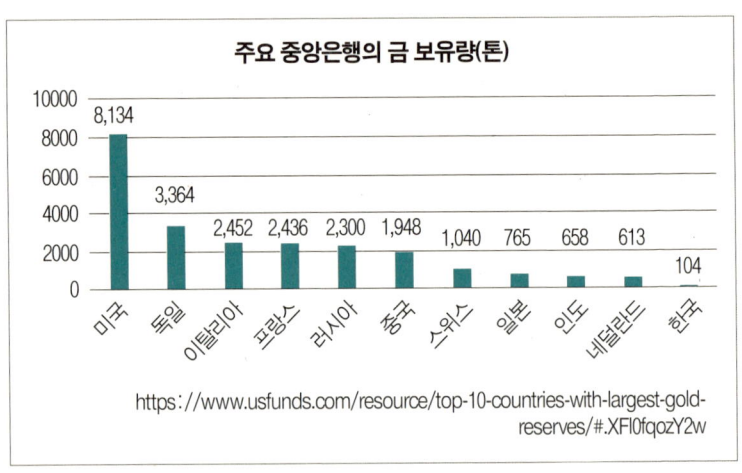

서 가장 많다. 20년 넘게 세계 금본위제인 브레튼즈 체제를 운영하던 잔재라고 보면 된다. 러시아와 중국은 2,000톤 안팎을 보유 중이다. 우리나라는 104톤으로 다른 나라에 비해 보유량이 매우 작다. 2011년 한국은행이 금 100톤을 매입했다가 가격이 떨어져서 곤욕을 치른 후 다시는 금에 손을 대지 않고 있다.

도전자 4: 디지털화폐

디지털화폐는 달러 패권을 뒤집을 또 다른 도전자로 꼽히고 있다. 현재 통용되는 구체적 형태는 크게 암호화폐와 중앙은행 디지털화폐의 두 가지이다. 이들이 달러를 대체할 가능성은 어느 정도인지 생각해 보자.

암호화폐는 2009년 1월 사토시 나카모토라는 가명의 누군가가 비트코인이라는 이름의 프로그램 소스를 세상에 내놓으면서 출발했다. 정부가 통화를 남발해서 돈 가치가 떨어지고, 또 함부로 개인의 계좌를 들여다보는 것도 문제라고 했다. 그래서 화폐의 공급량을 고정시키고, 누구도 지갑을 들여다보지 못하도록 구조를 만들었다. 그렇게 해서 가치가 안정적인 화폐를 만들고자 한 것이다.

기존 화폐의 관리에 문제가 많은 것은 사실이다. 대한민국 원화만 해도 그렇다. 20년 전 자장면 한 그릇에 2,700원이었는데[130] 지금은 7천 원이 되었다. 돈의 가치가 40%로 떨어진 셈이다. 돈을 마구 찍어낸 것이 중요한 원인이다. 달러 가치 역시 마찬가지다. 금값을 생각해 보면 잘 알 수 있다. 닉슨 대통령이 금 태환 제도를 폐기하던 1971년 8월 15일 당시 금 1온스당 가격은 40달러 수준이었는데 2022년 11월 현재 1,700달러가 되었으니 금값만으로는 달러 가치가 1/40로 추락한 셈이다. 연준이 달러를 마구 찍어냈기 때문이다. 중앙은행들은 경제에 어려움이 생기면 돈을 찍어서 문제를 해결하려 했고, 그 효과들이 쌓여 화폐가치는 추락을 거듭했다.

암호화폐의 원조인 비트코인은 중앙은행들의 이 같은 행태에 대한 분노에서 탄생했다. 창시자인 사토시 나카모토는 화폐의 남발을 막기 위해 화폐의 총량을 고정시켰고, 정부가 개인의 재산을 들여다보지 못하도록 완전한 익명성을 보장했다. 정부의 개입은 원천적으로 차단되었다. 창시자의 생각대로라면 정치가 비트코인 공급에 영향을 줄 수 없기 때문에 비트코인의 가치는 인플

---

[130] https://economist.co.kr/2022/02/26/industry/distribution/20220226142253985.html

레 없이 매우 안정적이어야 한다. 마치 금의 가치가 상당히 안정적이듯 말이다.

하지만 결과는 기대와 달랐다. 비트코인의 공급이 정치의 영향을 받지 않아서 상당히 안정적인 것은 사실이다. 하지만 가치와 가격은 공급만이 아니라 수요와 상호작용을 통해서 결정된다. 공급이 고정되더라도 수요가 변하면 가격은 변한다.

그런데 수요는 사람들의 심리를 반영한다. 새로운 암호화폐에 대한 사람들의 인식은 처음에는 신기함이었고, 시간이 지나면서 투기의 대상으로 바뀌었다. 대표적인 위험자산이 되어서 기존 통화가 많이 풀리면 값이 오르고 유동성이 줄어들면 수요는 급감했다.

코로나 이후 암호화폐가 연준의 통화정책에 반응하는 양상을 보면 기존 위험자산인 주식보다 훨씬 더 가격의 진폭이 크다. 대표적 주가지수인 S&P 500의 경우 2020년 초까지 2,500에서 3,300사이를 오르내리고 있었는데 3월 20일 코로나19 확진자가 급증하면서 지수는 2,300으로 급락했다. 연준은 부랴부랴 양적완화와 금리인하를 단행했고, 외국에 대해서는 15개국 중앙은행에 대해서 통화스와프를 발표했다. 달러 유동성을 무제한 공급하겠다는 말이었다. 주가는 즉각적으로 상승을 시작했다. 2021년 12월에는 4,800에 도달했다. 최저점이었던 2,300의 2배 수준이다.

한편 암호화폐는 반응이 늦게 나타난 반면 움직임의 폭은 매우 컸다. 연준의 유동성 확대는 2021년 3월에 시작되었는데 암호화폐의 가격에 대한 반응은 그해 11월경부터 시작됐다. 하지만 일단 움직임이 시작된 후의 진폭은 훨씬 컸다. FTX 토큰의 경우 코로나 이전의 2달러에서 최고일 때 80달러가 되었으니 40배의 상승이다. 비트코인도 비슷한 시기에 비슷한 패턴으로 반응이 나타났고, 상승 폭은 6배 정도이다. 위험자산이라 하더라도 암호화폐는 주식에 비해 유동성 위험에 대하여 훨씬 강렬한 반응을 나타냈다. 위험자산의 성격이 가장 강한 셈이다.

기축통화의 매우 중요한 기능 중 하나는 위험에 대비한 안전자산 역할이다. 그러자면 위험할 때 가치/가격이 올라야 한다. 달러는 위기가 닥치면 가치가 오르곤 했다. 반면 주식은 위험해지면 가격이 크게 추락한다. 그런데 현재 나와 있는 암호화폐들은 유동성이 풍부할 때 매우 크게 올랐지만, 자금난이 닥치자 주식보다 더욱 큰 폭으로 떨어졌다. 가장 강렬한 위험자산으로 등장한 셈이다. 이런 자산은 비축용으로 쓰일 수 없으며, 그렇기 때문에 안전자산으로서 달러의 역할을 대체할 수도 없다.

디지털화폐의 또다른 줄기는 중앙은행 디지털화폐(Central

Bank Digital Currency)이다. 단어의 첫 자를 따서 CBDC라고 부른다. 종이돈 대신 디지털 신호로 돈을 발행한다. 사실 장부상 숫자가 만들어지는 것에 불과하지만 소비자들은 그것으로 필요한 것을 살 수 있으니 종이돈과 다를 것이 없다. 이 돈을 도입하려는 가장 큰 목적은 편리함이다.

CBDC는 도매방식과 소매방식 두 가지가 있다. 소매방식은 일반 소비자가 중앙은행에 직접 계좌을 열고 돈거래를 한다. 이 방식은 일반 시중은행의 역할이 현격히 줄어든다. 도매방식은 시중은행만 중앙은행에 계좌를 트고, 일반 소비자는 시중은행하고만 거래한다. 현재와 같은 구조다.

CBDC 체제에서는 통화정책을 펴기가 용이해진다. 지금은 중앙은행이 기준금리를 조절하면 시중은행이 거기에 반응해서 시중에 유동성을 풀기도 하고 조이기도 한다. CBDC 하에서는 중앙은행에 직접 소비자가 돈을 빌리거나 거둬들일 수 있을 것으로 보인다. 그러면 통화정책의 효과가 단기에 즉각적으로 나타날 수 있다.

CBDC는 기축통화로서 달러의 자리를 대체할 수 있을까? 그것은 세계인들이 해당 디지털화폐를 쌓아 두고 싶어 할지의 여부에 달려 있다. 이 분야에서 가장 앞서가는 중국을 예로 들어 생각해 보자. 중국 공산당이 디지털 화폐에 적극적인 데는 그럴만한 이유가 있다. 그들이 추진하고 있는 감시사회의 비전에 잘 맞아 들어가기 때문이다. 디지털 위안을 거래하려면 중앙은행인 인민은행에서 전자지갑을 내려받게 된다. 그 안에 얼마가 들었는지, 누구에게 얼마를 보내고 얼마를 받았는지에 대한 정보는 관리자인 인민은행에 훤히 노출된다.[131] 말하자면 모든 가입자는 자금 거래 상황을 중국 공산당에게 다 보여줘야 한다. 그런 면에서 CBDC는 익명성을 생명으로 하는 암호화폐와 확연히 다르다. 일단 그렇다는 사실을 알고 나면 자발적으로 디지털 위안화를 자기 지갑에 쌓아 둘 외국인은 많지 않을 것이다.

세계경제에서 중국의 비중이 거의 미국에 근접했으면서도 왜 그들의 위안화가 아직 기축통화가 되지 못하는지를 다시 생각해 보자. 가장 큰 원인은 세계의 사람들이 위안화의 최종 관리자인 중국 공산당을 믿을 수 없다는 데 있다. 일국의 화폐가 국제 기축통화로 올라서려면 사람들이 그 돈을 안심하고 보유할 수 있어야 한다. 그러자면 돈의 발행과 유통이 투명하게 관리되어야 하고 환전도 자유로워야 한다. 중국의 위안화는 그것과 거리가

---

[131] https://www.bloomberg.com/opinion/articles/2021-04-27/china-s-new-digital-yuan-is-no-reason-to-worry?sref=9fHdl3GV

멀다. 돈이 어떻게 관리되는지 외부에서는 알 방도가 없고, 환전도 제약이 많다. 5만 달러 이상은 국외로 송금이 어렵다. 그 이하는 허용된다고 하지만 실제로는 그렇지 못할 때가 많다. 그렇게 제약이 많은 돈보다는 제약이 거의 없는 달러가 매력적일 수밖에 없다.

위안화가 종이돈에서 디지털로 바뀐다고 해서 이런 특성이 달라질 리 없다. 어쩌면 사람들은 기존 위안화보다 디지털 위안화를 더 꺼릴 수 있다. 프라이버시 침해 정도가 더 클 것이기 때문이다.

위안화는 아무리 디지털 방식으로 전환한다고 해도 사람들이 기꺼이 가지고 싶어 할 대상이 아니다. 그래서 달러를 대체할 가능성도 크지 않다.

미국은 왜 중국과 달리 CBDC의 도입을 망설이고 있을까? 기술이 없어서는 분명 아니다. 구글이나 페이스북, 애플 같은 세계 최고의 첨단 IT 기업들이 모두 미국 것이다. CBDC가 필요하다면 그들 중 누군가에게 맡겨서 하면 된다. 미국 연준이 이 문제에 소극적인 몇 가지 이유를 살펴보자.

첫째, 기술적으로는 완벽하더라도 미국 소비자들이 과연 이것을 받아들일지 확신할 수 없기 때문이라고 한다.[132] 소비자들은 여러 가지 이유로 새로운 돈을 받아들이지 않을 수 있다. 2달러 지폐의 실패는 좋은 사례가 된다. 미국 정부는 1862년 2달러짜리 지폐를 발행했다. 거래의 내용만 보면 1달러짜리만큼 쓰이는 것이 당연한데 실제로는 거의 쓰이지 않는다. 이유는 엉뚱하게도 2라는 숫자가 재수가 없다는 미신 때문이라고 한다.[133] 그래서 1966년 인쇄를 중단하게 되었다. 1976년 재발행을 해봤지만 그 역시 대중에게 받아들여지지 않았다. 경제학자 케네스 로고프(Kenneth Rogoff)에 따르면 디지털화폐도 프라이버시나 새로운 것에 대한 거부감 등 아직 분위기가 성숙하지 않았기 때문에 섣불리 출시할 경우 흥행에 실패할 가능성이 있다고 한다. 그렇게 되면 어쩌면 다시 도입하는데 십 년을 더 기다려야 할 수 있으니, 차라리 분위기가 무르익을 때까지 기다린다는 것이다.

둘째, 만약의 사태에 대한 우려이다. 현재의 달러 시스템은 비록 낡은 기술 위에 서 있지만 수십 년간 문제 없이 잘 작동해왔

---

[132] K. Rogoff, The Fed's Wary Embrace of Digital Dollars, Project-syndicate, Feb 1, 2022.
https://www.project-syndicate.org/commentary/us-federal-reserve-digital-dollar-cryptocurrency-regulation-by-kenneth-rogoff-2022-02
[133] https://edition.cnn.com/2022/09/17/business/2-dollar-bill-history/index.html

다. 새로운 것을 시도하다가 혹시 적대세력에 해킹이라도 당한다면 그야말로 재앙이 된다. 또 소비자들이 한꺼번에 예금을 인출하느라 불시에 뱅크런이 발생할 수도 있다. 그런 위험을 감수하느니, 다른 나라들이 하는 것을 충분히 관찰한 후 안전이 확인된 후에 바꾸려 한다는 것이다. 물론 위험이 두려워 혁신을 미루다가 필름 회사 코닥처럼 시대의 흐름에서 뒤처져 무대에서 사라질 가능성을 배제할 수 없긴 하지만….

셋째, 기득권의 반대도 상당히 작용하고 있을 것으로 보인다. CBDC가 일반화되면 금융거래의 구조도 달라질 가능성이 높다. 그러면 기존의 은행이나 카드회사 등 금융기관들은 할 일을 잃을 수 있다. 당연히 그들은 CBDC라는 혁신에 부정적 견해를 가질 수밖에 없고, 그것이 연준의 정책 결정에 영향을 주고 있을 가능성이 크다.[134]

이런 이유들 때문에 연준의 CBDC 도입 움직임이 굼뜨긴 하지만, 그들도 머지않아 CBDC 대열에 동참하지 않을 수 없을 것이다.

---

[134] https://www.bloomberg.com/news/articles/2021-07-15/cryptocurrency-why-wall-street-is-afraid-of-government-backed-digital-dollar?sref=9fHdl3GV

전 세계 100여 개가 넘는 나라들이 CBDC와 관련된 뭔가를 진행하고 있다. 조만간 디지털화폐가 인류의 일상에 자리 잡을 것 같다. 그러나 기축통화가 되는 것은 편리함과는 별개의 문제다. 가장 중요한 것은 신뢰성이고 안전자산의 속성을 가지는지의 여부이다. 즉 경제위기 때 가격이 오르는 화폐여야 기축통화가 될 수 있다. 그런 면에서 나라별로 출범할 CBDC들은 기존 화폐의 위상과 크게 다를 이유가 없어 보인다. 디지털화폐의 시대에도 가장 안전한 화폐, 가장 투명한 화폐가 기축통화의 위치를 차지할 것이다. 당분간 그것은 여전히 달러일 가능성이 높다.

도전자 5: 사우디아라비아-중국의 밀착

2022년 12월 초, 시진핑 주석은 사우디아라비아를 비롯한 중동 국가들을 방문했다. 이것은 두 나라의 사이가 매우 가까워져 가는 신호다. 이 때문에 달러 패권이 흔들리는 것 아니냐는 견해들이 많이 제기됐다. 그럴 만도 하다. 세계 석유 거래의 80%는 달러로 거래되어 왔고, 중동 국가들은 그렇게 벌어들인 수입으로 미국채를 사서 재산 가치를 지켜왔다. 오일달러 또는 페트로달러 체제라고 불리는 이 시스템은 킹달러의 위상을 유지하는 데 중요한 역할을 해왔다. 만약 사우디아라비아가 모든 석유 거래를 위안화로 한다면, 그리고 미국채를 더 이상 사들이지 않는다면 달러 체제에 타격은 불가피하다. 미국의 경제력도 타격을 받을 것이다.

그동안 사우디아라비아를 비롯한 아랍 국가들이 미국과 가까이 지내온 데는 그럴 만한 이유가 있었다. 1970년대 이후 사우디아라비아는 석유를 팔아 큰돈을 벌었는데, 그 돈들은 대부분 달러 자산이다. 미국이 사우디아라비아 왕실의 안위를 인정하는 대신 석유 판매는 달러로 하며, 판매 대금으로는 미국 국채를 사서 보관한다는 밀약을 체결했다.

그 덕분에 달러는 세계통화로서의 위치를 공고히 할 수 있었고, 사우디아라비아를 비롯한 아랍 국가들은 철 지난 왕정을 보장받을 수 있었다. 미국도 사우디아라비아 왕실의 행태가 미국의 기준으로 흡족할 리 없었지만, 석유를 공급받기 위해 눈을 감아야 했다. 그런데 언제부터인가 미국의 태도가 달라지기 시작했다. 스스로 산유국이 되었기 때문이었다.

미국에서 셰일오일이 대량으로 생산되기 시작했고, 2018년에는 세계 최대의 산유국으로 올라섰다. 자급은 물론 수출까지 하기에 이르렀다. 사우디아라비아로부터의 수입량은 2000년 매일 150만 배럴에서 2021년에는 35만 배럴로 떨어졌다. 소량이지만 수입이 계속되는 이유는 사우디아라비아산 중질에 맞춰진 정유

시설들 때문이라고 한다.[135] 사정이 이렇다 보니 미국으로서는 사우디아라비아 등 중동 산유국들에 대한 관심이 줄어들게 되었다. 이들 중동 국가들에 대해서도 다른 나라와 마찬가지로 미국의 가치인 인권의 잣대로 바라보기 시작했다. 과거엔 문제가 안 되는 것들이 거슬리게 되었고, 갈등도 커졌다.

사우디아라비아 왕실의 입장에서도 미국은 더 이상 믿을 수 있는 상대가 아니었다. 사우디아라비아가 이끄는 예멘 내전에 대한 지지 철회, 아프가니스탄에서의 철수, 빈 살만 황태자를 카쇼기 암살 공범으로 지목하고 비난한 것 등 일련의 사태가 모두 그러했다. 언제 터질지 모르는 민주화 운동으로부터 왕정을 지키고, 시아파인 이란의 도발로부터 자신들의 안위를 지켜야 하는데, 미국은 도움을 줄 것 같지 않은 상대로 변한 것이다. 석유보다는 인권이 더 중요하게 되었으니 말이다. 그래서 그들은 중국과 손을 잡고 싶어 한다. 사우디아라비아 석유의 위안화 결제 논의가 6년 전부터 이어져 왔지만 진척이 없다가 지금 와서 다시 등장한 데는 미국에 대한 서운함과 불신이 크게 작용한 것

---

[135] https://www.api.org/news-policy-and-issues/blog/2020/05/05/why-import-oil-saudi-cargoes-help-us-refiners

으로 보인다.[136]

중국은 사우디아라비아 석유 수출의 25%를 점한다. 이 물량이 모두 위안화 결제로 바뀐다면 달러의 위상에 상당한 영향을 줄 수 있다. 하지만 그렇게 될 정도까지는 나가기 힘들 것으로 보인다. 그렇게 되면 우선 미국이 가만히 안 있을 가능성이 높다. 미 의회가 보복 조치로 NOPEC(No Oil Producing and Exporting Cartels), 즉 산유국 담합 처벌법을 통과시킨다면 사우디아라비아에 치명적인 타격을 줄 수 있다.[137] 산유국의 카르텔, 가격 담합 행위를 미국의 반독점법으로 처벌하겠다는 내용이다. 지금까지는 주권면제 조항에 따라 국가는 반독점법 적용 대상에서 제외되어 왔지만 이 법이 통과되면 OPEC(Organization of the Petroleum Exporting Countries, 석유수출국기구) 회원국, 즉 국가들도 법의 적용을 받게 된다. 이들이 모여서 생산량을 조절하는 행위는 모두 담합으로 기소될 것이고, 이 나라들에는 벌금이

---

[136] Saudi Arabia Considers Accepting Yuan Instead of Dollars for Chinese Oil Sales, Wall Street Journal, 2022.03.15.
https://www.wsj.com/articles/saudi-arabia-considers-accepting-yuan-instead-of-dollars-for-chinese-oil-sales-11647351541

[137] Sarah Miller, Oil Pricing Without Dollars: Is It Possible? Energy Intelligence, 2022.11.01.
https://www.energyintel.com/00000184-15bf-df66-a797-ddffc2380000

부과될 것이다. 그리고 이들이 미국 내에 보유 중인 재산들에 집행될 가능성이 높다.

2022년 7월 바이든이 빈 살만을 찾아가 석유 감산을 멈춰달라고 간청했는데도 냉대당하자 미 정계에서는 이 법을 통과시켜야 한다는 여론이 비등해졌다. NOPEC은 상원 법률심사위원회를 17:4로 통과했는데[138] 무슨 이유에서인지 본회의로 넘어가지는 않았다. 만약 사우디아라비아가 석유거래에서 본격적으로 달러를 밀어내고 위안화 결제로 이행한다면 이 법이 통과될 수 있다. 그렇게 된다면 사우디아라비아를 비롯한 산유국들은 치명적 손실을 감수해야 한다. 이들은 담합으로 기소되어 벌금을 맞을 것이 분명한데, 스스로 납부하지 않는다면 미국 내 재산이나 보유 중인 미국채를 대상으로 집행될 가능성이 높다.

이를 피하려면 미국 내 달러 예금을 다른 나라로 옮겨야 하는데, 이제는 스위스마저도 믿을 수 없다. 중국 위안화, 러시아 루블 등으로 바꿔 중국 은행, 러시아 은행에 예치해야 할 것이다. 이것은 더욱 원치 않는 일이 될 것이다. 이런 사태를 피하기 위해 담합을 스스로 자제한다면 생산은 증가하고 가격은 낮아져, 석유

---

[138] https://www.judiciary.senate.gov/press/dem/releases/durbin-calls-for-passage-of-nopec-act-in-the-lame-duck-session

판매 수입도 줄어들게 된다. 벌금이든 원유가 하락이든 어느 쪽도 사우디아라비아가 원하는 바가 아니다. 그래서 미국의 보복을 불러올 정도로 중국과 유착하는 것이 쉽지 않다.

미국 달러에 페그된 환율 체제 역시 미국과의 결별을 어렵게 만든다. 사우디아라비아는 1986년부터 1달러당 3.75리얄의 비율로 페그(고정)되어 있다. 통화당국은 달러를 샀다 팔았다 하는 방식으로 이 비율을 유지해 왔는데, 달러 수입이 줄어든다면 이 체제도 유지하기 힘들다. 그러면 시장환율제로 가거나 위안화에 페그하거나 해야 한다. 이것은 사우디아라비아가 원하는 상황은 아닐 것으로 추측된다.

중국도 위안화 결제가 반갑지만은 않을 것이다. 국제통화가 되면 돈의 가치는 높아진다. 이 돈에 대한 외국인들의 수요가 늘기 때문이다. 원유 대금의 위안화 결제로 위안화의 가치가 높아지는 만큼 다른 나라 입장에서는 중국으로부터의 수입품 가격이 높아진다. 중국 입장에서는 수출이 줄고 수입은 늘어난다. 중국은 이런 상태를 원하지 않는다. 중국 공산당은 수출을 최대한 늘려 달러를 확보하고, 수입은 줄여 자력갱생을 원한다. 미국의 지속적인 압박에도 불구하고 달러에 대한 위안화 가격을 낮게 유지하는 이유는 바로 그것을 위함이다. 수출을 줄일 정도의 위안화 강세

상황은 중국 스스로 감당할 수 없다.

게다가 이란이 중국의 사우디아라비아 밀착을 가만히 두고 볼 리 없다. 전통적 우방국이었던 중국이 적국인 사우디아라비아 편에 선다는 것은 이란에는 엄청난 손실이자 충격이다. 이미 중국 대사를 불러 강력한 항의의 뜻을 전한 바 있다. 계속 강행한다면 이란이 중국에 대해 어떻게 나올지 알 수 없다. 이런 이유들 때문에 원유 대금 위안화 결제는 시험적으로만 가능할 뿐 본격화되기는 어렵다고 봐야 한다.

그래서인지 회담 후 발표된 공동성명에는 원유의 위안화 결제에 대한 내용은 없었고, 공산당 기관지에서도 다루지 않았다고 '최유식의 온차이나'는 분석 기사를 보도했다.[139]

이런 여러 가지 상황들을 종합해 볼 때, 달러의 지위가 급격히 흔들릴 가능성은 낮아 보인다. 위안화 결제를 하더라도 일부 거래에 대해서만 시험적으로 하는 수준에 그칠 가능성이 높다. 오히려 달러의 하락은 미국 내부에서 올 가능성이 커 보인다. 특히 심각한 정치적 분열이 문제다. 이제 미국 내부의 상황을 살펴보자.

---

[139] '위안화 원유 결제' 허망한 해프닝 '최유식의 온차이나', https://www.chosun.com/premium/discovery/2022/12/23/J46XREHCBFDQBGDRQTMWBRVDMY/

흔들리는 미국, 그리고 달러의 미래

도전자들이 달러를 흔들 가능성은 그리 높지 않다. 유로는 미래가 불확실하고 위안화는 규제가 너무 많다. 암호화폐는 안전자산이 아니기 때문에 어렵다. 사우디아라비아와 중국이 원유 대금 결제를 전면 위안화로 바꿀 가능성도 높지 않다. 다시 말해서 외부 충격 때문에 기축통화로서 달러의 위상이 추락할 가능성은 작다는 말이다. 그러면 내부는 어떨까? 오히려 그것이 더 문제라고 생각한다.

미국이 기축통화국의 지위를 이어가려면 몇 가지 조건을 지켜낼 수 있어야 한다. 첫째, 달러를 거래하는 금융시장의 규모가 크고 잘 작동해야 한다. 둘째, 달러가 안전자산의 속성을 유지해야 한다. 셋째, 미국이라는 나라 자체가 강하고 지속가능해야 한다.

첫 번째와 두 번째 조건은 문제가 없다고 여겨진다. 달러를 거래하는 시장은 전 세계에 걸쳐 있어서 규모가 매우 크다. 현물시장은 물론 선물시장까지 잘 발달되어 있어서 유동성이 풍부하다. 달러 시장은 다른 어떤 통화보다도 압도적으로 뛰어나며, 앞으로도 별로 흔들릴 것 같지 않다.

달러는 안전자산으로서의 속성 역시 튼튼하다. 2008년 리먼 브라더스 파산 당시 1년 정도 흔들리긴 했지만 2014년 무렵부터 다시 가장 안전한 자산의 자리를 되찾았다. 2020년 이후의 코로나19 사태는 안전자산으로 달러의 위상을 다시 한번 확인시켜 주었다. 경제가 위험에 빠지자 사람들은 너도나도 다른 돈을 팔고 달러 사들이기에 바빴다. 달러는 다른 돈에 비해 여전히 가치가 안정적이며, 특히 위기에 강한 속성을 가지고 있다.

그러나 세 번째의 조건에 대해서는 의문을 가지게 된다. 달러를 관리하는 미국이라는 나라는 예전 같지 않다. 미국 경제가 세계 최강이긴 하지만 압도적인 것은 아니다. 특히 중국과 비교하면 그렇다.

미국의 경제적 위상, 기축통화로서 달러의 지위에 대해 거의

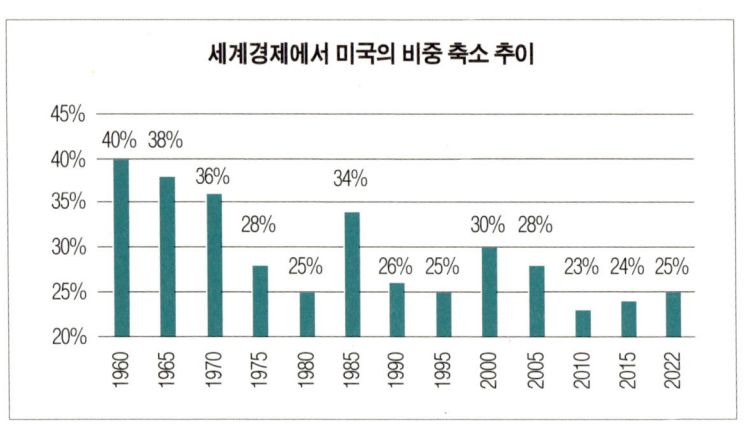

이견이 없던 1960년 무렵 미국의 GDP는 세계 전체의 40%를 차지했다. 제조업, 서비스업 등 거의 모든 분야에서 압도적인 세계 최고의 지위에 있었다.

그러나 시간이 지나면서 상황은 달라지게 되었다. 1960년대부터 독일이 라인강의 기적이라고 불릴 정도로 급속한 제조업 성장을 이뤄냈다. 1970년대부터는 일본이 눈부시게 발전해서 1980년대에는 세계 2위로 등극했다. 2000년 WTO 가입 이후 중국의 도약이 시작됐고, 미국을 위협하는 정도까지 됐다. GDP를 기준으로 미국의 비중은 1960년 40%에서 2010년 23%까지 떨어진 후 비슷한 수준에 머물러 있다. 경제의 펀더멘탈이 그러하니 60~70%에 달하는 달러의 비중이 지속 가능한 것인지에 대

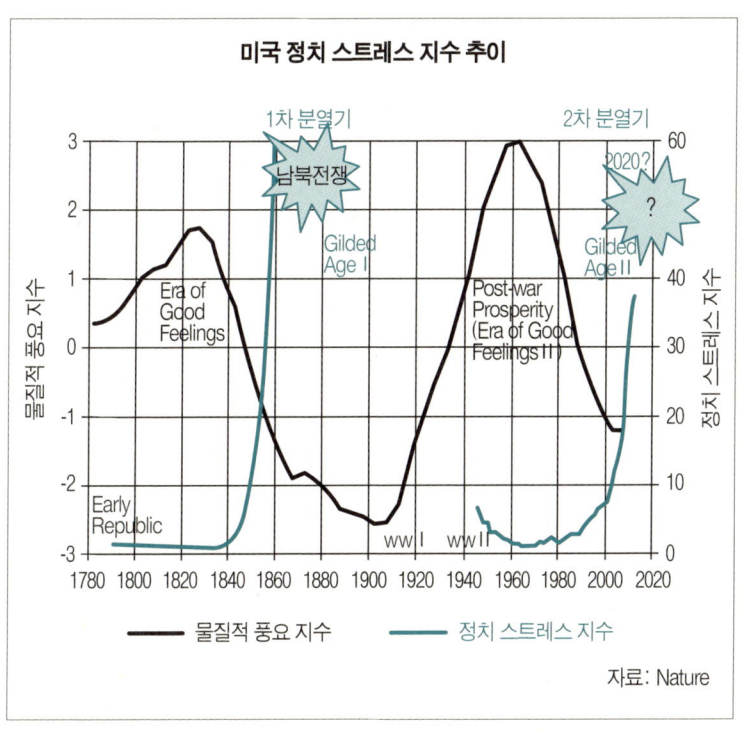

한 의문이 제기되는 것은 당연하다.

더 큰 문제는 정치이다. 내전을 우려하는 목소리가 터져 나올 정도로 미국 국민들 사이의 분열과 대립이 심각해졌다. 사회주의가 광범위하게 퍼지면서 나타나는 현상이다. 이것은 달러의 위상에도 부정적 영향을 주는 요인임이 분명하다.

2010년 유명 과학잡지 《Nature》에 놀라운 논문이 발표되었다.[140] 코네티컷 대학교의 피터 터친(Peter Turchin) 교수가 지난 200년 동안 100명 이상이 참가한 미국 내 시위 사태를 분석해서 '정치 스트레스 지수'로 요약한 내용이다. 그래프의 청록색 선이 그것인데, 1840년부터 이 지수가 급격히 높아졌음에 주목하길 바란다. 그리고 1861년 남북전쟁이 발발했다. 이 지수는 2000년부터 또다시 급격히 높아진다. 터친 교수는 분석 결과를 바탕으로 2020년 다시 커다란 소요 사태가 일어날 것이라고 예측했는데, 놀랍게도 그 예측은 현실이 되었다. 조지 플로이드 사태를 기폭제로 미국 전역에서 대규모의 시위가 벌어졌다. 터친 교수는 이 정치 스트레스가 내전으로 번질 수 있다고도 예측했다. 지난 대선에서 트럼프와 바이든 진영은 거의 내전에 가까운 대결을 벌이기도 했다.

이 같은 분열의 뿌리에는 사회주의 이념의 확산이 있다. 제2차 세계대전 후의 매카시 선풍을 계기로 공산주의와 사회주의는 미국에서 실질적으로 금기 사항이 되었다. 그런 성향을 보인 사람들은 스스로를 사회주의가 아닌 진보나 리버럴(liberal)이라는 용어로 불렀다. 하지만 이제 미국인들은 사회주의(Socialism)라는

---

[140] Peter Turchin, Political instability may be a contributor in the coming decade, https://www.nature.com/articles/463608a

단어를 공개적으로 쓰기 시작했다. 대선 후보 경선까지 나섰던 버니 샌더스(Bernie Sanders)는 스스로 사회주의자임을 자랑스럽게 밝혔다. 젊은이들 사이에서도 Socialism은 cool한 단어가 되고 있다고 한다. 이들은 당연히 전통적 가치를 지향하는 미국인들과 충돌을 빚을 수밖에 없다.

미국의 사회주의 바람은 일시적 현상이 아니다. 헤리티지 재단은 최근 발표한 장문의 보고서에서 오랜 기간에 걸친 문화 맑시즘(Cultural Marxism)이 미국 사회의 기초를 무너뜨려왔다고 경고했다.[141] 그만큼 사회주의는 이제 미국 사회 곳곳에 배어들었다.

미국 케이토 연구소의 '2019 미국인 의식조사'는 미국의 사회주의 열풍을 생생히 드러냈다.[142] 미국인 1,700명을 대상으로 한 이 조사에는 '자본주의와 사회주의 중 어떤 것에 호감이 있는가'라는 문항도 있었다. 자본주의의 경우 호감이 59%, 비호감이 39%, 사회주의의 경우 호감이 39%, 비호감이 59%였다. 더욱

---

[141] How Cultural Marxism Threatens the United States—and How Americans Can Fight It, Heritage Foundation, 2022.11.14. https://www.heritage.org/progressivism/report/how-cultural-marxism-threatens-the-united-states-and-how-americans-can-fight

[142] The Cato 2019 Welfare, Work, and Wealth National Survey

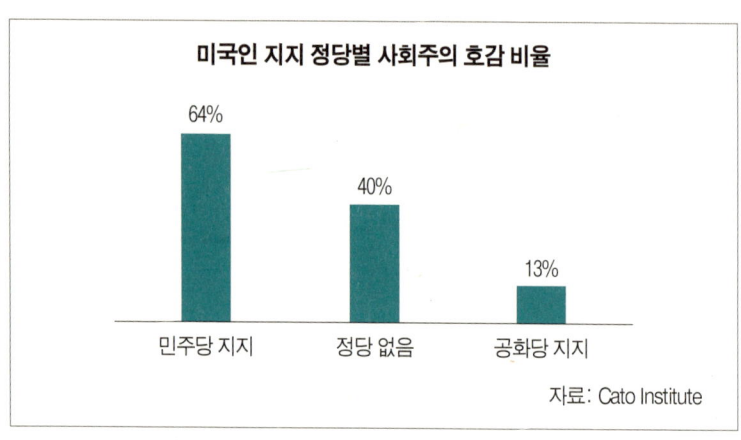

주목할 부분은 지지 정당별 답변이다. 민주당 지지자 중에서는 64%가 사회주의에 호감을 표했고, 공화당 지지자는 13%였다. 민주당 지지자들만 본다면 미국이 지금 당장이라도 사회주의 국가가 된다고 해도 이상할 것이 없다. 이념이 이렇게 다르기 때문에 분열이 극복하기 힘든 수준에 달했다고 봐야 할 것이다.

더욱 주목할 만한 것은 변화의 추세다. 민주당 지지자 중 사회주의에 호감이 있다고 응답한 비율은 2010년 53%에서 2019년 64%로 늘었다. 앞으로 사회주의를 지지하는 미국인은 더욱 늘어날 가능성이 크다.

미국인의 사회주의화는 세 가지 경로를 통해 기축통화국의 지위를 잠식할 수 있다. 첫째는 혁신 문화의 쇠락이다. 미국 경제

발전의 원동력은 혁신이었고, 원동력은 개인의 자유였다. 자동차 산업, 철강 산업, 인터넷, 스마트폰이 바로 자유로운 개인들의 번뜩임과 노력으로 만들어낸 것들이다. 사회주의화 된 곳에서는 혁신이 나올 수 없다. 그런 나라의 경제는 쇠락하게 되고, 그 돈의 지위도 추락한다.

둘째는 보호주의의 확대와 자유무역의 위축이다. 글로벌 자유무역은 미국의 영향력 확대와 궤를 같이 했다. 미국은 그 반대의 길로 들어선 듯하다. 전임 트럼프 대통령은 공화당인데도 미국 우선주의를 내걸었고, 경제적으로는 자유무역 대신 고율 관세로 대표되는 보호무역주의를 표방했다. 그와의 대결을 거쳐 집권한 바이든은 보호주의를 더욱 강화하고 있다. 반도체 공장을 모두 미국에 두겠다는 반도체 지원법(CHIPS Act), 인플레이션 감축법 등 바이든의 주요 경제정책들이 대부분 그런 성격을 띠고 있다. 자유무역이 힘을 잃을수록 달러의 힘도 줄어들기 마련이다.

셋째는 분열이다. 사회주의 지지자들은 전통적 가치를 가진 미국인들과 충돌할 수밖에 없고 그것은 분열로 이어진다. 트럼프와 바이든이 부딪친 지난 대선은 거의 내전의 양상으로 치달았다. 심각한 정치적 분열을 앓는 나라는 거기에서 발행하는 돈도 신뢰를 얻기 힘들다. 나라 자체의 지속 가능성이 떨어지기 때문이다.

달러가 얼마나 더 오래 기축통화 역할을 해낼 수 있을지는 지금까지 미국을 번영으로 이끌었던 조건들을 스스로 얼마나 더 오래 지켜낼 수 있을지에 달려 있다.

북오션 부동산 재테크 도서 목록

부동산/재테크/창업

장인석 지음 | 17,500원
348쪽 | 152×224mm

롱텀 부동산 투자 58가지

이 책은 현재의 내 자금 규모로, 어떤 위치의 부동산을 언제 살 것인가에 대한 탁월한 분석을 펼쳐 보여 준다. 월세 탈출, 전세 탈출, 무주택자 탈출을 꿈꾸는, 건물주가 되고 싶고, 꼬박꼬박 월세 받으며 여유로운 노후를 보내고 싶은 사람들을 위한 확실한 부동산 투자 지침서가 되기에 충분하다. 이 책은 실질금리 마이너스 시대를 사는 부동산 실수요자, 투자자 모두에게 현실적인 투자 원칙을 수립할 수 있도록 해줄 뿐 아니라 실제 구매와 투자에 있어서도 참고할 정보가 많다.

나창근 지음 | 15,000원
302쪽 | 152×224mm

나의 꿈, 꼬마빌딩 건물주 되기

'조물주 위에 건물주'라는 유행어가 있듯이 건물주는 누구나 한 번은 품어보는 달콤한 꿈이다. 자금이 없으면 건물주는 영원한 꿈일까? 저자는 현재와 미래의 부동산 흐름을 읽을 줄 아는 안목과 자기 자금력에 맞춘 전략, 꼬마빌딩을 관리할 줄 아는 노하우만 있으면 부족한 자금을 충분히 상쇄할 수 있다고 주장한다. 또한 액수별 투자전략과 빌딩 관리 노하우 그리고 건물주가 알아야 할 부동산 지식을 알기 쉽게 설명한다.

박갑현 지음 | 14,500원
264쪽 | 152×224mm

월급쟁이들은 경매가 답이다
1,000만 원으로 시작해서 연금처럼 월급받는 투자 노하우

경매에 처음 도전하는 직장인의 눈높이에서 부동산 경매의 모든 것을 알기 쉽게 풀어낸다. 일상생활에서 부동산에 대한 감각을 기를 수 있는 방법에서부터 경매용어와 절차를 이해하기 쉽게 설명하며 각 과정에서 꼭 알아야 할 중요사항들을 살펴본다. 경매 종목 또한 주택, 업무용 부동산, 상가로 분류하여 각 종목별 장단점, '주택임대차보호법' 등 경매와 관련되어 파악하고 있어야 할 사항들도 꼼꼼하게 짚어준다.

초저금리 시대에도 꼬박꼬박 월세 나오는
수익형 부동산

현재 (주)기림이엔씨 부설 리치부동산연구소 대표이사로 재직하고 있으며 [부동산TV], [MBN], [한국경제TV], [KBS] 등 방송에서 알기 쉬운 눈높이 설명으로 호평을 받은 저자는 부동산 트렌드의 변화와 흐름을 짚어주며 수익형 부동산의 종류별 특성과 투자노하우를 소개한다. 여유자금이 부족한 투자자도 전략적으로 투자할 수 있는 혜안을 얻을 수 있을 것이다.

나창근 지음 | 17,000원
332쪽 | 152×224mm

주식/금융투자

북오션의 주식/금융투자 부문의 도서에서 독자들은 주식투자 입문부터 실전 전문 투자, 암호화폐 등 최신의 투자 흐름까지 폭넓게 선택할 수 있습니다.

주식 투자
기본도 모르고 할 뻔했다

코로나19로 경기가 위축되는데도 불구하고 저금리 기조가 계속되자 시중에 풀린 돈이 주식시장으로 몰리고 있다. 때아닌 활황을 맞은 주식시장에 너나없이 뛰어들고 있는데, 과연 이들은 기본은 알고 있는 것일까? '삼프로TV', '쏠쏠TV'의 박병창 트레이더는 '기본 원칙' 없이 시작하는 주식 투자는 결국 손실로 이어짐을 잘 알고 있기에 이 책을 써야만 했다.

박병창 지음 | 19,000원
360쪽 | 172×235mm

하루 만에 수익 내는
데이트레이딩 3대 타법

주식 투자를 한다고 하면 다들 장기 투자나 가치 투자를 말하지만, 장기 투자와 다르게 단기 투자, 그중 데이트레이딩은 개인도 충분히 가능하다. 물론 쉽지는 않다. 꾸준한 노력과 연습이 있어야 한다. 하지만 가능하다는 것이 중요하고, 매일 수익을 낼 수 있다는 것이 중요하다. 그 방법을 이 책이 알려준다.

유지윤 지음 | 25,000원
312쪽 | 172×235mm

최기운 지음 | 18,000원
424쪽 | 172×245mm

10만원으로 시작하는
주식투자

4차산업혁명 시대를 선도하는 기업의 주식은 어떤 것들이 있을까? 이제 이 책을 통해 초보 투자자들은 기본적이고 다양한 기술적 분석을 익히고 그것을 바탕으로 향후 성장 유망한 기업에 투자할 수 있는 밝은 눈을 가진 성공한 가치투자자가 될 수 있다. 조금 더 지름길로 가고 싶다면 저자가 친절하게 가이드 해준 몇몇 기업을 눈여겨보아도 좋다.

박병창 지음 | 18,000원
288쪽 | 172×235mm

현명한 당신의
주식투자 교과서

경력 23년 차 트레이더이자 한때 스패큐라는 아이디로 주식투자 교육 전문가로 불리기도 한 저자는 "기본만으로 성공할 수 없지만, 기본 없이는 절대 성공할 수 없다"고 하며, 우리가 모르는 '기본'을 설명한다. 아마도 이 책을 보고 나면 '내가 이것도 몰랐다니' 하는 감탄사가 입에서 나올지도 모른다. 저자가 말해주는 세 가지 기본만 알면 어떤 상황에서도 주식투자를 할 수 있다.

최기운 지음 | 18,000원
300쪽 | 172×235mm

동학 개미
주식 열공

〈순매매 교차 투자법〉은 단순하다. 주가에 가장 큰 영향을 미치는 사람의 심리가 차트에 드러난 것을 보고 매매하기 때문이다. 머뭇거리는 개인 투자자와 냉철한 외국인 투자자의 순매매 동향이 교차하는 곳을 매매 시점으로 보고 판단하면 매우 높은 확률로 이익을 실현할 수 있다.

곽호열 지음 | 19,000원
244쪽 | 188×254mm

초보자를 실전 고수로 만드는
주가차트 완전정복

이 책은 주식 전문 블로그 〈달공이의 주식투자 노하우〉의 운영자 곽호열이 예리한 분석력과 세심한 코치로 입문하는 사람은 물론 중급자들이 놓치기 쉬운 기술적 분석을 다양하게 선보인다. 상승이 예상되는 관심 종목 분석과 차트를 통한 매수매도타이밍 포착, 수익과 손실에 따른 리스크 관리 및 대응방법 등 주식시장에서 이기는 노하우와 차트기술에 대해 안내한다.

유지윤 지음 | 18,000원
264쪽 | 172×235mm

누구나 주식투자로
3개월에 1000만원 벌 수 있다

주식시장에서 은근슬쩍 돈을 버는 사람들이 있다. '3개월에 1000만 원' 정도를 목표로 정하고, 자신만의 투자법을 착실히 지키는 사람들이다. 3개월에 1000만 원이면 웬만한 사람들 월급이다. 대박을 노리지 않고, 딱 3개월에 1000만 원만 목표로 삼고, 그것에 맞는 투자 원칙만 지키면 가능하다. 이렇게 1000만 원을 벌고 나서 다음 단계로 점프해도 늦지 않는다.

근투생 김민후(김달호) 지음
16,000원 | 224쪽
172×235mm

삼성전자 주식을 알면
주식 투자의 길이 보인다

인기 유튜브 '근투생'의 주린이를 위한 투자 노하우. 국내 최초로 삼성전자 주식을 입체 분석한 책이다. 삼성전자 주식은 이른바 '국민주식'이 되었다. 매년 꾸준히 놀라운 이익을 내고 있으며, 변화가 적고 꾸준히 상승할 것이라는 예상이 있기에, 이 책에서는 삼성전자 주식을 모델로 초보 투자자가 알아야 할 거의 모든 것을 설명한다.

금융의정석 지음 | 16,000원
232쪽 | 152×224mm

슬기로운 금융생활

직장인이 부자가 될 방법은 월급을 가지고 효율적으로 소비하고, 알뜰히 저축해서, 가성비 높은 투자를 하는 것뿐이다. 그 기반이 되는 것이 금융 지식이다. 금융 지식을 전달함으로써 개설 8개월 만에 10만 구독자를 달성하고 지금도 아낌없이 자신의 노하우를 나누어주고 있는 크리에이터 '금융의정석'이 영상으로는 자세히 전달할 수 없었던 이야기들을 이 책에 담았다.

터틀캠프 지음 | 25,000원
332쪽 | 172×235mm

캔들차트 매매법

초보자를 위한 기계적 분석과 함께 응용까지 배울 수 있도록 자세하게 캔들 중심으로 차트의 원리를 설명한다. 피상적인 차트 분석이 아니라 기계적으로 차트를 발굴해서 실전에서 활용하는 데 초점을 맞춘 가이드북이다. 열심히 공부하고 노력하여 자신만의 매매법을 확립해, 돈을 잃는 투자자에서 수익을 내는 투자자로 거듭날 계기가 될 것이다.